W0105336

Es ist einfach zu definieren, was ein Kind ist (Spielzeug, Herumrennen, Fragen) oder ein Erwachsener (Jobs, Seufzen, Gin). Höchstwahrscheinlich gehören Sie jedoch einer neuartigen verschwommenen Kategorie dazwischen an. Wären Sie zwei Generationen früher geboren, wären Sie jetzt ein verheirateter Hausbesitzer mit drei Kindern und einem hübschen Posten in einer Keksfabrik. So aber fristen Sie ein verlängertes Teenager-Dasein mit geringen Erwartungen, noch weniger Verpflichtungen und genug Zeit, sich selbst zu finden.

Doch egal, wie lange Sie es bisher geschafft haben, unter dem Radar der Verantwortung hindurchzufliegen, Sie ahnen sicher schon, wie in der Ferne das wahre Erwachsenenleben bedrohlich Gestalt annimmt und immer näher kommt, wie ein hungriger Steuereintreiber in der Nacht... Dieses Buch wird Ihnen helfen! Es ist eine urkomische Anleitung, wie man durch das Minenfeld der Erwachsenenwelt hindurchnavigiert, und zeigt Ihnen, wie Ihr liebenswerter verantwortungsloser Charakter die Jahre bis zur Rente unversehrt übersteht.

Paul Hawkins, Jg. 1987, ist Bestsellerautor und Verfasser von Drehbüchern. Seine lebenslangen Bemühungen, einen ordentlichen Job zu vermeiden, haben ihn nach Berlin geführt, ins Mekka der verlängerten Verantwortungslosigkeit. Bei C.H.Beck ist von ihm erschienen: *Gebrauchsanleitung Mensch. Bedienung, Wartung, Reparatur* (2014).

Paul Hawkins

ERWACHSENWERDEN FÜR ANFÄNGER

Die besten Tricks für Kindsköpfe, Chaoten und Spätzünder

Aus dem Englischen von Ingo Herzke

Mit Illustrationen von Paul Hawkins

C.H.Beck

Originalausgabe

© Verlag C.H.Beck oHG, München 2016
Gesetzt aus der ITC Legacy Serif im Verlag
Druck und Bindung: Druckerei C.H.Beck, Nördlingen
Umschlaggestaltung: Geviert, Grafik und Typografie, Michaela Kneißl
Umschlagabbildung: shutterstock
Printed in Germany
ISBN 978 3 406 68317 6

www.chbeck.de

INHALT

Das Leben besteht aus drei großen Blöcken: Am Beginn steht die Kindheit, wo Sie noch klein sind und im Grunde nichts von Ihnen erwartet wird. Am Ende steht das Rentenalter, wo Sie schon alt sind und im Grunde nichts von Ihnen erwartet wird. Das Erwachsenendasein – eingebettet in diese beiden Phasen wie eine Beleidigung in ein Komplimente-Sandwich – ist der lange, verwirrende und größtenteils unfaire Klumpen in der Mitte, wo man plötzlich von Ihnen erwartet, dass Sie alles tun, alles bezahlen, für alles die Verantwortung übernehmen und dass Sie kontinuierlich und einwandfrei funktionieren. Und das, obwohl es überhaupt keine Grundlage gibt, auf der diese erwachsene, vernünftige Version Ihrer selbst erbaut werden könnte – jedenfalls nicht in Ihrer vorherigen Existenz als schlichter und fröhlicher Einfaltspinsel.

Ihre Kindheit nämlich war nichts als eine ungeheuer gemütliche Blase, die Sie von der weniger prachtvollen, aber recht komplizierten Erwachsenenwelt abgeschottet hat. Sie wurden dafür belohnt, fröhlich, sorglos und leichtsinnig mit so herrlichen Dingen wie Taschengeld, Kindergeburtstagen und Hüpfburgen Ihre Zeit zu verbringen.

Kein Wunder, dass es Ihnen ein wenig ungerecht vorkommt, wenn die glückliche Kindheitsblase plötzlich platzt und mehr oder weniger dieselben Leute auf einmal von Ihnen verlangen, Steuern zu zahlen, ein Konto zu eröffnen, einen Arbeitsplatz zu finden, eine Wohnung zu mieten, Ihr Leben zu organisieren, sich zu verabreden, Auto zu fahren, einzukaufen, zu planen, zu sparen, zu putzen und stets vernünftig zu sein.

Sehen die denn nicht, dass da ein furchtbarer Irrtum vorliegen muss? Sie können doch kein Erwachsener sein! Sie sind doch bloß ein schlichter und fröhlicher Einfaltspinsel, der ein bisschen gewachsen ist!

Kein Wunder auch, dass es sich anfühlt, als würden Sie mit dem Bajonett gepiekst, aus dem Schützengraben gejagt und gezwungen, mit dem Kopf voran in das Maschinengewehrfeuer zu marschieren, das sich Leben nennt.

Leider gibt es keine bequeme Umgehungsstraße für das Erwachsensein, doch dieses Buch will Ihnen einen Weg durch den Morast weisen. Wenn Sie diesem Weg folgen, haben Sie eine Chance, dass Ihr verspielter, verantwortungsloser Charakter möglichst unversehrt bleibt.

Die folgenden Seiten enthalten eine Anleitung, wie die Welt der Verantwortung im Groben funktioniert und wie man ihr am besten aus dem Weg geht. Sie werden lernen, wie Sie der Gesellschaft weismachen können, dass Sie ein überzeugtes, funktionierendes Vollzeitmitglied des Erwachsenenclubs sind – denn alle Mitglieder dieses Clubs würden lieber heute als morgen austreten, wenn sie nur die damit verbundenen Vergünstigungen behalten könnten, also Essen auf dem Tisch und ein Dach über dem Kopf.

Sie können nicht in die Kindheit zurückkehren. Sie können auch nicht im Schnelldurchlauf zur Rente vorspulen. Sie müssen also irgendwie mit dem Erwachsensein zurechtkommen. Wenn es also tatsächlich Dinge gibt, die wir als Erwachsene «tun müssen» – zum Beispiel arbeiten, Miete und Steuern zahlen –, dann wollen wir sie zumindest mit der gleichen Geisteshaltung angehen wie ein launischer Teenager, der sein Zimmer aufräumen soll, nämlich mit einer gesunden Mischung aus Verzögerungstaktik, Unreife und hirnloser Rebellion.

Dies ist ein Buch für Querdenker, Kindsköpfe, Chaoten,

Spätzünder, Büroclowns, Tagediebe, unmündige Eltern und all die wundervollen Rebellen da draußen, die sich weigern, nach den Erwachsenenregeln zu spielen.

Viel Glück!

ERSTES KAPITEL
WOHNEN

WIE MAN VON ZUHAUSE AUSZIEHT

Frohen Nicht-mehr-Abhängigkeits-Tag!

Als typisches Merkmal des Erwachsenseins gilt allgemein, nicht sein ganzes Leben im Kinderzimmer seines Elternhauses zu verbringen, weshalb man in der Geschichte der Menschheit nur selten auf Namen wie *Alexander der Große Lausejunge, Wilhelm der Eltern-Eroberer oder Iwan der Schreckliche Erwachsene* trifft.

Sie sollten sich möglichst bald darauf einstellen, dass sich in Ihrem Leben als Erwachsener gelegentlich Veränderungen Ihrer beruflichen, finanziellen und beziehungstechnischen Situation ergeben werden. Neue Erzfeinde oder alter Badezimmerschimmel können Sie dazu zwingen, sämtliche Gegenstände einzusammeln, die sich derzeit in Ihren Wohnräumen befinden, und sie an einen anderen Ort, in eine neue Wohnung zu transportieren.

Umzüge können ungemein zeitraubend, teuer und schlecht für den Rücken sein. Besonders ärgerlich ist es, wenn Sie im Anschluss daran auch noch viel Zeit und Geld in die Wiederherstellung Ihres verrenkten Rückens investieren müssen, weil Sie kein Geld in Pizza für die Helfer investieren wollten und das Sofa allein geschleppt haben. Es ist daher klüger, den Stress, die Anstrengung und die Hublast zu minimieren, indem Sie andere Menschen, die Sie gern haben, zur Mithilfe überlisten.

Ihr erster Umzug wird der Auszug bei den Eltern sein, damit die Ihr altes Zimmer vermieten können. Vielleicht wollen sie es nach dem Auszug der Kinder in eine Art Gästezimmer-Fahrrad-Werkstatt-Maschinen-Büro-Lager-Midlife-Crisis-Swinger-Höhle-Dingsda umwandeln. Ihren Eltern viel Glück dabei, und

Ihnen noch viel mehr Glück, denn nun sind Sie durch die große Tür der Abhängigkeit in die gruselige Welt der Erwachsenen gestoßen worden!

Habseligkeiten einsammeln

Wie kompliziert Ihre persönliche Operation Exodus wird, hängt natürlich davon ab, wie viel Zeug Sie mitnehmen wollen, und ob Ihre Eltern etwas dagegen habe, dass Sie all Ihre alten Sachen in ihrem Haus weiterhin verstauben lassen, wie ein dauerhaftes Museum Ihrer selbst. So würde Ihr «altes Zimmer» unverändert bleiben, und Sie hätten die Möglichkeit, es jederzeit wieder in gewohnter Weise als Behausung zu nutzen, sollten Sie zu Besuch kommen oder beim Erwachsenwerden vorübergehend scheitern. Außerdem existiert es weiter als ewiger Reliquienschrein Ihres früheren Lebens.

Sollten Ihre Eltern jedoch auf einem vollständigen und endgültigen Auszug bestehen, gehören dazu – neben dem schweren Heben und den anschießenden Rückenschmerzen – Kartons, Fahrzeuge, diverse Werkzeuge und mindestens eines Ihrer Geschwister, das unter dem Staubsauger im Kofferraum eingeklemmt ist (falls Sie Einzelkind sind, müssen Sie zu diesem Zweck fremde Geschwister ausborgen).

Sachen wegwerfen

Je weniger Sie besitzen, desto leichter wird es Ihnen in Zukunft fallen, den Wohnort zu wechseln. Sie werden sich freier fühlen, sich schneller als andere von einem Einbruch erholen und die Möglichkeit genießen lernen, mit verhältnismäßig wenig Aufwand vor Ihren Problemen davonlaufen zu können. Beim Umzug Sachen wegzuwerfen kann außerdem besonders symbolischen Charakter haben: ein neues Kapitel, ein Neustart – ein neues Ich.

Weil Sie vermutlich das Einleitungskapitel Ihres Lebens damit verbracht haben, nutzlos und klein, drollig und dämlich zu sein, dürfte es sich beim Strandgut Ihrer Kindheit vor allem um Plunder handeln, den Sie mit nach Hause geschleppt und dann in Ihr Zimmer eingebaut haben wie eine Elster in ihr Nest. Zu dieser Kategorie gehören Sachen wie die Kronkorkensammlung, Pokémon-Karten und schlechte Buntstiftzeichnungen von Affen, aber nur sehr wenige Dinge von praktischem Nutzen wie zum Beispiel eine Saugglocke.

Dennoch fällt es oft unerklärlich schwer, alte, vertraute oder geliebte Besitztümer wegzuwerfen. Dieses nostalgische Gefühl verschwindet niemals, doch der *Auszug* ist die beste Gelegenheit, dem inneren Widerstand zu trotzen, denn es kommt selten genug vor, dass Wegwerfen die faulste aller Optionen ist. In diesem Fall aber heißt es: weniger Packen, weniger Schleppen, weniger Auspacken. Denn je weniger Sie besitzen, desto weniger müssen Sie transportieren. Wenn es Ihnen gelingt, alles wegzuwerfen, bedeutet «Umziehen» bloß noch zur neuen Wohnung zu gehen und sich hineinzusetzen.

Wenn Ihnen jedoch das *Wegwerfen* immer noch potentiell traumatisierend erscheint, könnten Sie sich einfach eine poetischere Version zurechtlegen. Sie *verlieren* nichts, Sie *entscheiden* nur, welche Ihrer Kindheitsbesitztümer Ihre zukünftige erwachsene Persönlichkeit nicht mehr definieren sollen. Ob Sie nun eine «Neue Frau» werden wollen, selbstbewusst und unabhängig, frei von dem rosa Spielzeug Ihrer Kindheit, die Sie in eine patriarchalisch geprägte Geschlechterrolle drängen wollten, oder ein «Neuer Mann», der nicht mehr mit Kriegs- und Kampfspielen assoziiert werden will, sammeln Sie alles ein, stecken Sie es in einen Sack, lösen Sie sich von den überkommenen Gender-Erwartungen und tauschen Sie alles … gegen eine Saugglocke. Es wird Zeit, sich weiterzuentwickeln.

Alles Brauchbare mitnehmen

Sehr wahrscheinlich haben Ihre Eltern – da sie ja nur ältere Versionen Ihrer selbst, also ebensolche «Kaufen-Besitzen-Aufheben-Elstern» sind – jede Menge überzählige Exemplare genau der Dinge angehäuft, die Sie in Ihrer neuen, leeren Wohnung brauchen. Bald schon werden Sie auf Schatzsuche durch Dachboden, Keller, Schuppen und/oder Garage ziehen und sich einen eigenartigen Mischmasch aus Bettlaken, Handtüchern, Besteck, Geschirr und überreichlich Haushaltsgegenständen, oft orangefarben, aus den verschiedensten Jahrzehnten unter die Arme klemmen.

Aber nehmen Sie sich in Acht, wenn Ihre Eltern Ihnen mit übertriebener Begeisterung ihren alten Kram «schenken». Was zunächst wie bedingungslose elterliche Großzügigkeit wirken mag, könnte motiviert sein durch das Entrümpelungsbedürfnis unsentimentaler Opportunisten, die ihren Dachboden endlich wieder selbst nutzen wollen. In diesem Fall kommt es Ihnen nur so vor, als wäre in Ihren Umzugskisten eine vollständige Standardküchenausstattung, während Sie in Wirklichkeit eine überdurchschnittlich hohe Anzahl ungebrauchter Waffeleisen, Fondue-Sets, witziger Eiswürfelformen, alberner Souvenirbecher und eigenartiger Eiergeräte und total nerviger Käsereiben aus den 1970er Jahren herausfischen werden.

Packen wie ein Profi

Um das Auspacken und Einräumen der neuen Wohnung effizienter zu gestalten, sollten Sie Ihre Kartons nach irgendeiner Logik oder thematischen Ordnung befüllen und dann entsprechend kennzeichnen. Manche Kategorien sind natürlich sinnvoller als andere, zum Beispiel «Bürosachen» oder «Winterkleidung» anstelle von «Gemischte Gegenstände Nr. 9» und «Alles Schwere und Scharfe».

Und wo Sie schon den Stift in der Hand haben, möchten Sie womöglich einige der Kisten mit kryptischen Zeichen markieren, damit Sie genau wissen, welche richtig schwer und welche so leicht sind, dass sogar Ihre Großmutter sie tragen könnte. So können Sie sich stets «zufällig» die leichten Kisten schnappen, während alle scheißschweren direkt an den größten Angeber unter den Helfern gehen (der normalerweise daran zu erkennen ist, dass er im Tanktop auftaucht).

Neben dem Beschriften der Kisten ist es ratsam, so viele Freunde wie möglich zum Mithelfen zu verpflichten. Ideal wäre es, wenn genügend Menschen für eine Transportkette anwesend sind. Die wird besonders wichtig, wenn Sie in eine Mietwohnung im fünften Stock ziehen. Nebenbei bemerkt ist es sehr viel leichter, zahlreiche Freunde zum Mithelfen zu verpflichten, wenn Sie ihnen erst nach dem Eintreffen verraten, dass Sie in den fünften Stock ziehen. (Danach sollten Sie die Helfer umso weiter unten in der Kette platzieren, je verärgerter sie wirken.)

Sollten Sie eine Menschenkette hinbekommen, könnten Sie darüber nachdenken, die Kartons nicht bloß mit einer Inhaltsangabe zu beschriften, sondern Ihren Freunden noch etwas mehr zum Lesen zu geben, während sie hieven und wuchten, zum Beispiel Witze, Wissenswertes oder aufmunternde Aphorismen. Dadurch vergessen Ihre Freunde hoffentlich, dass sie ihre Freizeit damit vergeuden, Ihre Sachen berghohe Treppen hinaufzuschleppen.

Einen Transporter mieten

Wenn Sie sehr viele Kisten bewegen müssen, sollten Sie dafür womöglich einen Transporter oder Kleinlaster mieten. Wahrscheinlich haben Sie zuvor noch nie ein so großes und unhandliches Vehikel gefahren, doch Sie werden – seien Sie darauf vorbereitet – nur etwa eine halbe Minute Zeit haben, um sich über die Bedienung des Fahrzeugs einen groben Überblick zu verschaffen, ehe Sie vom Parkplatz des Autovermieters rollen und Teil des fließenden Verkehrs werden. Wenn Sie beim Gedanken an das Steuern eines Lieferwagens nervös werden, versuchen Sie sich mit der Vorstellung zu beruhigen, dass Sie ein ganz normaler Handwerker sind, in Ihrem praktischen Handwerkermobil unterwegs von einem Handwerksjob zum nächsten.

Für viele Leute ist das Mieten eines Transporters die beste Gelegenheit, sich das raue, unverstellte, alltägliche Selbstbewusstsein eines Handwerkers anzueignen. Das bedeutet, dass Sie in dieser Lage alle in Ihnen schlummernden Proleteninstinkte rauslassen können. Im Schutz der Anonymität, die ein geliehener Wagen einem bietet, können Sie fröhlich experimentieren: Geben Sie sich einen kneipenfähigen Spitznamen («Scharfe Steffi»? «Geiler Günther»?), rauchen Sie Selbstgedrehte, bestellen Sie Plastikgartenmöbel aus dem Katalog, pfeifen Sie dilettantisch, essen Sie Pommes und Currywurst mit der Hand. Trauen Sie sich und genießen Sie das sorglose und authentische Erlebnis, das die arbeitende Klasse auf der ganzen Welt so beliebt macht.

Wenn Sie ausziehen, können Sie wahrscheinlich auf die leicht widerwillige Unterstützung Ihrer Eltern zählen. Das erleichtert einerseits Vieles, denn die besitzen womöglich ein zum Transport geeignetes Auto und zum Tragen geeignete Arme. Andererseits könnte ihre Mitwirkung auch zusätzlichen Druck erzeugen, beispielsweise durch unvermitteltes Ausschütten emotionaler Lasten, die das Bewegen der realen, gegenständlichen Lasten behindern.

Idealerweise sollten Ihre Eltern bloß Ihre Bücher in eine Kiste stapeln und diese Kiste dann wegtragen. Theoretisch ganz einfach. Praktisch könnte es jedoch so aussehen, dass sie Ihre Rollschuhe in die Hand nehmen, dann eine Viertelstunde auf Sie einreden, ob Sie auch ganz sicher sind, dass Sie Ihre Rollschuhe nicht mitnehmen wollen, sich eine weitere Viertel-

stunde beseelt erinnern, wie gern Sie mit neun Jahren Rollschuh gefahren sind, «weißt du noch?», dann folgt eine zweistündige Heulattacke, weil ihnen klar wird, dass Sie nicht mehr neun Jahre alt sind, nicht mehr ihr kleines, süßes Kind, sondern ausgewachsen und unabhängig, – und gerade im Begriff, unweigerlich und für immer das Haus zu verlassen. Ach je.

Besser ist es also, seine Sachen allein zu verpacken, um sich diese Gefühlsausbrüche zumindest für später aufzuheben, wenn Sie alles dort verstaut haben, wo es hin soll. Wenn dann also Ihre Mutter und/oder Ihr Vater plötzlich zu weinen anfangen, weil Ihre Rollschuhe nicht mehr da sind, dann können Sie zumindest weiter auspacken und sie trösten: «Keine Sorge, alles in Ordnung, ich habe sie bei euch zu Hause gelassen, in meinem alten Zimmer, vor dem Schrein meiner selbst, neben dem Altar für mich, im Ich-Museum. Amen.»

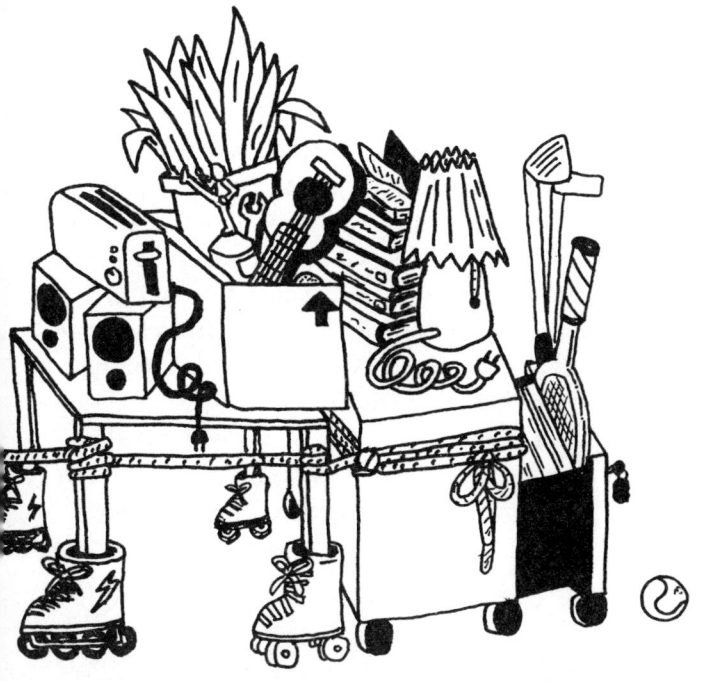

WIE MAN EINE WOHNUNG FINDET

Von Täuschungen und Enttäuschungen

Beim Finden einer Wohnung stehen drei Dinge im Mittelpunkt: Kompromisse, Kompromisse und Frustration.

Ihre perfekte hypothetische Wohnung ist womöglich eine ausgewogene Mischung aus a) VERFÜGBAR, b) BEZAHLBAR und c) IDEAL. Doch in der Realität, auf dem wahren Wohnungsmarkt, werden sich diese drei Eigenschaften niemals vereinen. Passen zwei Eigenschaften, darf die dritte – das grenzt nahezu an ein Naturgesetz – nicht hinzukommen. Falls Sie tatsächlich einmal eine Wohnung besichtigen dürfen, die sowohl frei ist als auch bezahlbar UND in jeder Hinsicht ideal, sollten Sie sich so schnell wie möglich aus dem Staub machen. Hier hat sich offensichtlich etwas Schreckliches ereignet, und Sie möchten auf keinen Fall Fingerabdrücke hinterlassen.

Behalten Sie das im Hinterkopf und halten Sie bei der Wohnungssuche die Hoffnungen klein und die Erwartungen niedrig. Am besten freunden Sie sich mit der Vorstellung an, im Winter unter einer dünnen Pappdecke zu schlottern, umso weniger werden Sie von der Realität enttäuscht sein. Wenn Sie sich hingegen in potenziellen Wohnungen umschauen und sich selbst schon darin wohnen sehen, wenn Sie von Ihrem zukünftigen Leben fantasieren, mit einem Cocktail in der Badewanne oder auf dem Balkon – oder in der Badewanne auf dem Balkon –, dann begeben Sie sich emotional auf dünnes Eis. Jede Absage kann sich zu der Art von Enttäuschung auswachsen, wie sie Kinder erleben, wenn ein röchelnder Weihnachtsmann in einer dunklen Gasse plötzlich den Bart abnimmt und sich eine Zigarette ansteckt.

Da ist es doch viel besser, so lange eine pessimistische Grundhaltung zu bewahren, bis man tatsächlich eine Wohnung gefunden hat. Dann können Sie einfach auf Knopfdruck Ihre Einstellung ändern, sich einreden, dass Sie genau diese am tollsten fanden, exakt so schon immer leben wollten und dort in alle Ewigkeit glücklich und zufrieden sein werden. Yippie!

Von freien Wohnungen erfahren

Wenn Sie eine Wohnung suchen, gibt es keine Freunde, Verwandten, Feinde, Fremde oder Postboten mehr. Dann gibt es nur noch *Hinweise*.

Wenn Sie erst einmal ernsthaft auf Wohnungsjagd sind, dann verschwenden Sie keine wertvolle Kommunikationszeit mehr mit Banalitäten wie «Hallo» und «Wie geht's?», sondern kommen direkt zum Punkt: *«Ziehen Sie gerade aus Ihrer Wohnung aus? Warum nicht? Ziehen Ihre Freunde aus? Ist gerade jemand gestorben? Ist einer Ihrer Nachbarn in letzter Zeit auffällig still? Haben Tom und Melissa sich endlich getrennt? Na, hast du ihr denn erzählt, wie er immer Susanne hinterherstarrt? Kann ich die Telefonnummer deines Vermieters haben? Ich habe gehört, in Ostasien boomt die Wirtschaft ... haben Sie schon mal daran gedacht, dorthin zu ziehen?* WIESO KANN ICH NICHT IN DEINER WOHNUNG WOHNEN, DU SELBSTSÜCHTIGER NEST-HOCKER?»

Ein Account bei sozialen Medien eignet sich ebenfalls hervorragend, Ihre verzweifelten, flehentlichen Botschaften unter Ihren vertrauten und kaum vertrauten digitalen Bekannten zu streuen. Das Schwierigste daran ist wie immer, die Aufmerksamkeit der Menschen zu erhaschen.

Um diese kleine Hürde zu nehmen, könnten Sie Ihre

Nachricht einfach so verfassen, dass Neugierde geweckt, Spannung erzeugt und eine emotionale Bindung hergestellt wird:

> *«Ihr werdet nicht glauben, was jemand aus dieser Stadt, DEN IHR KENNT, gerade zu finden versucht! Ihr werdet alle SOOOO überrascht sein, dass 99 % der Leute, die jetzt weiter lesen, lachen, weinen, in Ohnmacht oder in eine Baugrube fallen werden! WOW! TRAUT IHR EUCH, herauszufinden, was dieser erstaunliche Mensch GENAU WIE DU UND ICH wissen muss, bevor es ZU SPÄT ist? UNGLAUBLICH ... SCHOCKIEREND ... UND MIT KATZEN!»*

Lage, Lage, Lage

Was die Wohnungslage angeht, haben Sie zwei Möglichkeiten:

1. Wohnen Sie im Zentrum

Hier zahlen Sie für das Privileg, nicht so weit zur Arbeit fahren zu müssen, und haben Museen als Nachbarn. In der Praxis kaufen Sie mit der höheren Miete die Zeit, die Sie sonst in Bus, U-Bahn, Zug oder auf einem brandgefährlichen Autopiloten-Fahrrad verbringen würden. Touristen werden auf Sie zeigen und Fotos von Ihnen schießen.

2. Wohnen Sie nicht im Zentrum

Das spart Geld. Leider müssen Sie den Großteil des Ersparten für Fahrtkosten, Sicherheitsschlösser und besondere Anreize ausgeben («Pokerabend! Mit Grill, Cocktails und Karaoke!»), um Ihre Freunde zu überzeugen, bis zu Ihnen, an den Arsch des öffentlichen Nahverkehrs, zu fahren.

Im Wesentlichen ist es eine Frage der Abwägung: Wollen Sie gern in unmittelbarer Nähe der Restaurants, Bars, Clubs, Museen und Theater wohnen, die Sie sich wegen der hohen Miete jedoch nicht mehr leisten können, oder wollen Sie so weit weg wohnen, dass Sie sich gar nicht mehr die Mühe machen, sie wahrzunehmen? Eine weitere Alternative ist übrigens das Leben auf dem Land, wo es hübsch aussieht, komisch riecht und keine Arbeitsplätze gibt.

Massenbesichtigungen

Im schlimmsten Fall müssen Sie wegen der hohen Nachfrage nach freien Wohnungen zu einer *Massenbesichtigung* gehen, die ungefähr wie eine normale Wohnungsbesichtigung verläuft, nur dass einige Elemente aus Hitchcocks *Die Vögel* hinzukommen. Sie treffen allein vor einem Mietshaus ein und warten auf einen Fremden mit dem Wohnungsschlüssel. Langsam, leise, aber stetig kommen andere dazu, sammeln sich bedrohlich, lungern herum, werfen Ihnen flüchtige Blicke zu. Jedes Mal, wenn Sie zwinkern, werden es mehr: Auf geheimnisvolle Weise tauchen sie auf, und alle haben einen Umschlag mit Unterlagen unterm Arm. Wenn schließlich der Makler auftaucht, stürzt sich der ganze verzweifelte Schwarm gnadenlos auf ihn. Wirklich erschreckend.

Worauf Sie achten sollten

Wenn Sie Wohnungen besichtigen, sollten Sie auf bestimmte Aspekte besonders achten, zum Beispiel auf die Fenster. Sind sie doppelt verglast? Sind sie ausreichend abgedichtet? Was bedeutet «ausreichend abgedichtet» überhaupt? Sind sie durchsichtig genug, um jeden Tag die Witterung einschätzen zu können? Wenn Sie die Fenster überhaupt nicht untersuchen, besteht sogar die Gefahr, dass ein besonders einfallsreicher Vermieter bloß Bilder von Fenstern auf die Wände gemalt hat.

Je länger Sie suchen, desto kürzer wird infolge einer Lawine von Absagen Ihre Liste von unabdingbaren Voraussetzungen einer akzeptablen Wohnung. Beispiel:

Zu Beginn der Wohnungssuche:	Gegen Ende der Wohnungssuche:
• Sichere Wohngegend	• Wände
• Gute Verkehrsanbindung	• ~~Tür~~
• Umlaufender Balkon	• ~~Fenster~~
• Badewanne mit Mittelarmaturen, um gemeinsames Baden ohne Streit zu ermöglichen	• Ausreichend großes Loch, um in den Raum zwischen den Wänden zu steigen
• Gehörlose Nachbarn	

Unterlagen

Wenn Sie überhaupt eine Chance haben wollen, vom Vermieter erwählt zu werden, sollten Sie so viele möglicherweise hilfreiche Dokumente mit Ihrem Namen darauf bei sich haben, wie Sie nur auftreiben können, von aktuellen Kontoauszügen bis zurück zu Ihren frühesten Buntstift-Selbstporträts. Stapeln Sie alle Unterlagen in einer Schubkarre, sprühen Sie teuer duftendes Parfüm darüber und schieben Sie die Karre den Hügel hinunter zum Maklerbüro.

Viele Vermieter werden ebensolche Unterlagenmengen von Ihren Eltern verlangen, damit Ihre Eltern als «Bürgen» herhalten können, falls Sie plötzlich typisch jugendlichen Leichtsinn zeigen und kein Geld mehr haben. Sollten Sie gezwungen sein,

Unterlagen über die Einkünfte Ihrer Eltern vorzulegen, seien Sie gewarnt, dass nun nicht mehr Sie als potenzieller Mieter mit anderen potenziellen Mietern Ihres Alters verglichen werden – sondern die Unterlagen Ihrer Eltern mit den Unterlagen der Eltern anderer Leute. Das kann ziemlich frustrierend werden, weil die Eltern anderer Leute manchmal ziemlich gut verdienen. Manche von ihnen sind Banker, Investoren, Anwälte, Börsenhändler, Immobilienbesitzer oder andere ärgerliche Dinge. Und das Schlimmste daran ist: Ihre Kinder sind es nicht. Nein. Die sind mit großer Sicherheit bloß Leute, die das alles viel weniger verdient haben als Sie. Verwöhnte Gören.

PROFI-TIPP: WIE MAN VERTRÄGE UNTERSCHREIBT

Sobald Sie eine Wohnung gefunden haben, die Ihren Mindestanforderungen entspricht und deren Eigentümer sie Ihnen vermieten will, sollten Sie sie so schnell wie möglich heiraten. Dazu müssen Sie einen Vertrag unterschreiben: Mithilfe eines normalen Kugelschreibers und eines alltäglichen Stücks Papier wird eine juristisch wirksame Verpflichtung eingegangen.

Erster Schritt: Sowieso unterschreiben?

Als Erstes, noch bevor Sie den Vertrag überhaupt lesen, sollten Sie sich überlegen, ob Sie ihn sowieso unterschreiben werden, ganz egal, was für ein Gewäsch drinsteht. Hauptgrund für diese Vorab-Entscheidung könnte sein, dass Sie schlicht und einfach resigniert sind und akzeptiert haben, dass Sie als Arbeits- und/oder Obdachloser dem Arbeits- und/oder Wohnungsmarkt gnadenlos ausgeliefert sind. Wenn Sie sich das frühzeitig eingestehen, können Sie das Dokument mit der richtigen Einstellung durchlesen, denn Sie haben Ihre passive und unterwürfige Rolle in dieser Beziehung bereits verinnerlicht. Sie willigen nicht freiwillig in den Vertrag ein, so wie man vielleicht freiwillig in die geteilte Entscheidungsbefugnis mit einem Geliebten, Trinkkumpanen oder Zahnarzt einwilligt. Nein, Sie willigen in diesen Vertrag so ein, wie eine Ameise vielleicht in die übergeordnete Entscheidungsbefugnis einer Schuhsohle einwilligt.

Zweiter Schritt: Nichts verstehen

Oftmals bestehen Verträge aus einer undurchdringlichen Mischung von formalistischem Juristenjargon (vermutlich um juristisch falsche Interpretationen zu verhindern) und frustrierendem Juristenunsinn (vermutlich um Ihre korrekte Interpretation des gerade Unterschriebenen zu verhindern). Jeder Vertrag enthält mindestens einen Satz dieser Art: «Mit der Unterzeichnung stimmen Sie daher überdies unmittelbar zu, dass alle Rechte und/oder Nicht-Rechte im Voraus für nichtig erklärt werden, sobald die in Abschnitt 46,1b vordem vereinbarte Übereinkunft zur Nichtigkeit ihre Gültigkeit verliert, gleichzeitig mit allen und/oder jeglichen und/oder keinen und/oder den vorgenannten, nachfolgenden, übergeordneten usw. u. a., und dass die oben erwähnte Ungültigkeitserklärung nach vorheriger Übereinkunft folgerichtig für alle Zeit und/oder fürderhin übereinstimmend bei/mit/an der zu annullierenden Verzichtserklärung bleibt, in die Sie einwilligen.»

Was auch immer dieser Satz bedeutet, es ist höchstwahrscheinlich nichts Gutes. Glücklicherweise werden Sie wahrscheinlich nie herausfinden müssen, wie wenig gut es ist, es sei denn, Sie müssen vor Gericht dagegen angehen.

Dritter Schritt: So tun, als ob Sie alles verstehen

Wenn Sie einen Vertrag unterschreiben, befinden Sie sich häufig in unmittelbarer Nähe des Menschen, der Ihnen das Papier gerade überreicht hat und nun darauf wartet, dass Sie unterzeichnen, damit er oder sie sein wichtiges Leben fortsetzen kann. Daraus entsteht womöglich eine unbestimmte Drucksituation, die sich vermeiden ließe, wenn Sie den Vertrag mit nach Hause nehmen könnten, um ihn dort in aller Ruhe nicht verstehen zu können.

Wenn Sie den Vertrag jedoch vor Zeugen «lesen» müssen, sollten Sie so viel Verständnis vortäuschen wie möglich. Vielleicht können Sie auf einzelne Abschnitte deuten und nachdrücklich nicken oder leise Dinge ausrufen wie «Ah ja, sehr gut, dass das hier so explizit formuliert ist, hm-mm, ja, schön.» Wenn Sie schließlich das Gefühl haben, dass ein angemessener Zeitraum verstrichen ist, in dem Sie das Dokument zumindest überflogen haben könnten, sollten Sie etwas Abschließendes äußern («Auf die Zukunft, meine Herren!») und sich voll darauf konzentrieren, anständig zu unterschreiben. Sie wollen doch nicht, dass Ihre Unterschrift vor einem Menschen mit so einem beeindruckenden Schreibtisch wie die eines Clowns aussieht.

Tagsüber arbeiten, um nachts einen Schlafplatz zu haben

Wenn Sie dann eine Nadel aus dem Wohnungsheuhaufen gezogen haben, ist die nächste Herausforderung, dauerhaft darin wohnen bleiben zu dürfen. So ein langfristiger Erfolg hängt vor allem von Ihrer Fähigkeit ab, ein gutes Verhältnis zu Ihrem neuen Vermieter herzustellen und zu pflegen. Das ist glücklicherweise ganz leicht. Ein gutes Verhältnis zum Vermieter ist mehr oder weniger das Gegenteil eines guten Verhältnisses zu allen anderen Menschen. Die Qualität bemisst sich vor allem daran, wie wenig Sie beide voneinander sehen und hören, miteinander sprechen oder auch nur aneinander denken müssen. Ihr Vermieter sollte anonym und im Schatten bleiben, und Sie als Mieter bloß ein Nachname auf einer Liste von Energieverbrauchsmessungen sein.

Eine solche formelle Distanz ist für alle Beteiligten emotional vorteilhafter. Ihr Vermieter will nichts von Ihren Haustieren, Ihren leichtsinnigen Heimwerkerversuchen, Ihren wilden Partys in den vier Wänden seiner Altersvorsorge wissen. Wenn Sie hingegen sehen könnten, wie sich Ihr schwer verdientes Geld woanders in einen Bruchteil kaum verdienten Geldes verwandelt, dann würde es Ihnen das Herz brechen. Es ist besser für Sie, nicht zu sehen, dass Ihr Geld für Städtereisen, Golfclubbeiträge, Wellnesstage und im Allgemeinen sehr viel besseres Essen ausgegeben wird, als Sie es sich leisten können.

Oder noch schlimmer: Vielleicht würden Sie entdecken, dass es zur Tilgung des Hypothekenkredits auf genau die Wohnung verwendet wird, in der Sie jetzt leben. Schrecklich. Nur weil die kosmische Vorsehung dafür gesorgt hat, dass Ihr Vermieter eine Generation früher da war, leben Sie jetzt in einem Haus, das er nur geborgt hat und von Ihrem Geld scheibchenweise der Bank abkauft. Das ist so, als würden Sie für jemand anderen ein Schwein großziehen und müssten dann zusehen, wie dieser andere alle Würste allein aufisst.

Nein, nein. Halten Sie höflichen Abstand, das ist sicherer und vernünftiger.

Kaution

Die Kaution ist ein im Mietvertrag vereinbarter Betrag an Geld, den Sie von Ihrem Vermieter wahrscheinlich nie wiedersehen werden, wenn Sie ausziehen. Um sich gute Chancen zu erhalten, die Kaution vielleicht doch noch zurückzubekommen,

sollten Sie sofort alles in der Wohnung fotografieren, was auch nur annähernd so aussieht, als könnte Ihr Vermieter Ihnen später die Schuld dafür in die Schuhe schieben, dass es kaputt ist. Damit dürften Sie ein aufregendes, künstlerisch wertvolles Portfolio von Löchern im Teppich, Kratzern in den Dielen, Rissen in der Tapete und Flecken an der Decke kreieren. Doch wenn Ihr Vermieter Sie später abzuziehen versucht, kann ein Foto von einem verschwommenen Klecks – genau wie in der Welt der modernen Kunst – plötzlich viel Geld wert sein.

Denken Sie daran: Wenn der Vermieter die Abzüge von der Kaution berechnet, bedient er sich dabei sehr wahrscheinlich der sogenannten *Vermieter-Arithmetik*. Dabei wird, wenn niemand ein Auge darauf hat, die tatsächliche Höhe eines Schadens multipliziert mit den höchstmöglichen *theoretischen* Reparaturkosten. So kann ein kleiner Kratzer in der Wandfarbe zum Honorar für neun tariflich bezahlte Anstreicher aufgeblasen werden, die eine gesamte Wohnung mit vom Mond importierter Farbe neu streichen. Das müssen Sie sich so vorstellen wie den berühmten Baum, der im Wald umfällt. Wenn ein Vermieter eine Wohnung «renoviert», aber kein Mieter dabei ist, der es sieht, ist es dann wirklich passiert?

Die Antwort lautet in diesem Fall: Nein.

Zahlen Sie die Miete

Am besten halten Sie Ihren Teil des Abkommens «Den Vermieter nicht hören, nicht sehen, nicht sprechen» ein, indem Sie pünktlich Ihre Miete bezahlen. Wenn Sie sich in Ihr Konto einloggen oder in die Bankfiliale gehen, um den Dauerauftrag für die Miete einzurichten, spüren Sie womöglich ein unbestimmtes Gefühl in sich aufsteigen. Dieses Gefühl lässt sich nicht so leicht festmachen, darum darf ich es Ihnen vielleicht erklären:

Ihnen ist bewusst, dass Ihr Vermieter offensichtlich nicht in dem Gebäude wohnen will, das er Ihnen vermietet. Nein, er hat es bloß übrig, es stand halt noch so herum. Außerdem wissen Sie: Wenn Sie hier nicht zur Miete wohnten, müsste Ihr Vermieter wahrscheinlich einen Sicherheitsdienst dafür *bezahlen*, das leer stehende Gebäude zu bewachen, weil es sonst von jugendlichen Taugenichtsen besetzt würde, die im Grunde aussehen wie Sie, nur dass sie sich weniger Gedanken um ihre Frisur machen.

Das ist der Quell Ihres Unwohlseins. Sie sind eine Art dauerpräsenter Sicherheitsdienst, der die Wohnung für den Vermieter bewacht, während sie im Wert steigt. Sie bezahlen ihn dafür, dass er Geld spart, und geben sich dabei auch noch äußerste Mühe, dieses großzügige, selbstlose Opfer pünktlich zu erbringen. Pfui Teufel.

Untervermietung

Um Geld für Betriebsausflüge, Urlaubsreisen oder Besuche im *Museum Ihrer selbst* bei den Eltern anzusparen, sollten Sie Ihre Wohnung in jeder Minute untervermieten, in der Sie selbst sie nicht nutzen. Damit stehen Sie jedoch vor einer wichtigen Entscheidung, denn Ihr Mietvertrag verlangt wahrscheinlich, dass Sie dafür die Genehmigung des Vermieters einholen. Sie selbst allerdings möchten sich lieber an die zwischen Ihnen und dem Vermieter geltende *unausgesprochene Gleichgültigkeits-Übereinkunft* halten.

Wie Sie auch entscheiden, bedenken Sie bitte, dass Sie sich durch Untervermietung in den Stand des Instant-Kleinvermieters erheben und damit nur nachweisen, wie unfassbar anspruchslos der Einstieg ins Vermieterwesen ist, was Zeit, Arbeit, Mühe oder Verdienste angeht. Darum neigen Vermieter gelegentlich zur Überreaktion auf Untermieter. Sie wollen nicht, dass gewöhnliche Menschen erfahren, wie leicht ihr Job ist.

Wenn Sie ohne Erlaubnis untervermieten, kommt es vor allem auf eines an: Wählen Sie nur außerordentlich ehrliche und vertrauenswürdige Menschen aus, die sich verlässlich und spontan in unehrliche Menschen verwandeln können, wenn der Vermieter auftaucht und sie fragt, ob sie Untermieter sind. Sie müssen diesen Menschen also nicht nur Ihr großes Geheimnis anvertrauen, sondern auch Ihre Möbel, Ihre Unterwäscheschublade und Ihren Ruf bei den Nachbarn. Aus diesen Gründen sollten Sie vielleicht darüber nachdenken, ob Sie Ihnen mehr Untermiete abnehmen, als Sie Miete zahlen, ob Sie eine Kaution verlangen und ob Sie einen kleinen Vertrag aufsetzen, den Sie von ihnen unterzeichnen lassen.

Keine Angst, das ist alles so einfach, dass es sogar ein Vermieter hinkriegt.

PROFI-TIPP: WIE MAN EIN ZIMMER EINRICHTET

Wenn Sie irgendwann legal ein oder mehrere Zimmer besitzen oder mieten, müssen Sie Dinge in Ihre Zimmer stellen. Sonst glauben andere Menschen, dass Sie nicht besonders viel Fantasie haben, und werden kaum Interesse entwickeln, Sie in Ihren Zimmern zu besuchen.

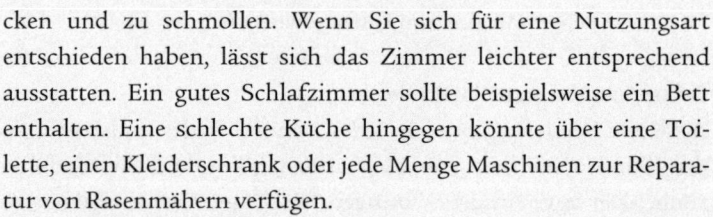

Erster Schritt: Funktion wählen

Ein Zimmer kann vielen Zwecken dienen, zum Beispiel Essen, Schlafen, Sitzen, Waschen, Lagern, Parken – oder um sich nach einem Streit darin zu verstecken und zu schmollen. Wenn Sie sich für eine Nutzungsart entschieden haben, lässt sich das Zimmer leichter entsprechend ausstatten. Ein gutes Schlafzimmer sollte beispielsweise ein Bett enthalten. Eine schlechte Küche hingegen könnte über eine Toilette, einen Kleiderschrank oder jede Menge Maschinen zur Reparatur von Rasenmähern verfügen.

Je weniger Zimmer Sie besitzen, desto mehr Zwecke muss jedes einzelne erfüllen. Wie wäre es beispielsweise mit einem Schlaf- und Arbeitszimmer mit Fitnessstudio und Toilette? Wenn Sie diese Wohnsituation erst einmal testen wollen, bevor Sie Ihr eigenes Heim danach einrichten, könnten Sie sich für eine leichte bis mittelschwere Straftat inhaftieren lassen.

Zweiter Schritt: Thema wählen

Als Nächstes sollten Sie über einen Stil oder ein Thema oder das Fehlen von beidem nachdenken, damit Ihre Zimmer als immerwährende Erweiterung Ihrer Persönlichkeit dienen können. Sie können vielleicht niemanden in Ihr Gehirn einladen, damit er oder sie Ihre tief empfundene Liebe zur Natur bewundern kann, aber Sie können diesen Menschen in ein Zimmer bitten, das von Ihnen liebevoll mit einem kleinen Ast dekoriert wurde, nicht wahr?

Bei der Inneneinrichtung gibt es zwei maßgebliche Schulen. Die eine nennt man «Top-Down-Design». Dabei wird jede Einzelheit sorgfältig geplant, recherchiert und kunstvoll umgesetzt. So wirkt Ihre Wohnung wie die perfekte Umsetzung eines Einrichtungsbeispiels aus einer Zeitschrift wie *SCHÖNER WOHNEN*. Die Alternative heißt «Bottom-Up-Design». Dies ist ein organischer Ansatz, der sich am leichtesten umsetzen lässt, indem man zu allem und jedem «ja» sagt, was einem umsonst angeboten wird, Möbel auf Flohmärkten kauft, Sachen mit nach Hause nimmt, die man auf der Straße findet. So lässt sich der Eindruck erwecken, dass ein Einspielfilm aus der Fernsehsendung Das *Trödelparadies für Boheme-Messies* zum Leben erweckt worden ist.

Dritter Schritt: Letzte Hand anlegen

Als letzte Verzierung braucht jedes Zimmer Bilder und Poster an den Wänden, mit denen Sie die Feinheiten Ihrer individuellen Persönlichkeit zum Ausdruck bringen. Nach den Verkaufszahlen zu urteilen lässt sich Individualität am ehesten mit den Filmplakaten von *Trainspotting*, *Pulp Fiction* und *Fear and Loathing in Las Vegas* demonstrieren, alternativ auch mit Stadtpanoramen von New York (muss viel Himmel/Skyline enthalten), London (muss Doppeldeckerbus enthalten) oder Paris (muss ein sich küssendes Paar vor dem Eiffelturm enthalten) oder mit Motivationspostern, die aus einer langen Reihe inspirierender Sätze bestehen und Ihren Besuchern klarmachen, dass Sie ein klug durchdachtes, reflektiertes Leben führen (oder dass Sie typografisch hübsch gestalteten Geboten auf einem ziemlich großen Blatt Papier folgen).

DU BIST **ERWACHSEN**
(MEIN BEILEID)

DU ZAHLST AB JETZT WENN DU DEINEN **JOB**
LANGWEILIG FINDEST, EGAL,
DIE RECHNUNGEN DU WIRST **BALD** EH VON
EINEM **ROBOTER** ERSETZT

GEH TAGSÜBER ARBEITEN, DAMIT DU ES
DIR LEISTEN KANNST, ABENDS WEGZUGEHEN

DIE MITTE DES LEBENS **IST LANG**
SUCH DIR
EIN HOBBY

ÜBERANSTRENGE DICH NICHT, ES GEHT NUR AUF DEN RÜCKEN

FAHRE CA. 20 – 30 TAGE IM JAHR
IN DEN URLAUB NACH **MALLORCA** ODER
BLEIB **ZUHAUSE**, WEIL DER
HEIZUNGSABLESER KOMMT

BESCHWER DICH ÜBER ALLES

SEI DU SELBST, BIS **SINGE** WENN NIEMAND ZUHÖRT
ES ANDEREN AUF
DIE NERVEN GEHT **TANZE** WENN NIEMAND HINSIEHT

DIE RICHTIGE FREIZEIT
BEGINNT WENN DU
ALT BIST

GUCK FERNSEHEN LASS DICH VON NIEMANDEM BEEINFLUSSEN

SCHLAF VOR ALLEM
NICHT VON **POSTER**
IM SITZEN **EINEM**

WIE MAN PUTZT UND AUFRÄUMT

Der Kampf mit der Arbeit,
die sich selbst ungetan macht

Als Erwachsener wird von Ihnen erwartet, dass Sie sich zumindest ein wenig an den großen Kämpfen der Welt und der menschlichen Rasse beteiligen – gegen Krieg, Armut, Ungleichheit und dergleichen. Es mag scheinen, als seien dies die größten vorstellbaren Aufgaben, doch in Wirklichkeit verblassen sie neben der mühevollen, undankbaren Plackerei der Hausarbeit, die auf Sie wartet. Ihre wahren großen Feinde stehen nicht vor Ihrer Tür, sondern lauern in Ihren eigenen vier Wänden. Sie heißen Schmutz, Staub, Abwasch, dreckige Wäsche; saubere, nasse Wäsche; getrocknete, saubere Wäsche; verschmierte Fensterscheiben, fleckige Spiegel, Haare im Abfluss, Schmodder im Rohr, Spinnweben in oberen Zimmerecken, Fäulnis in der Gemüseschublade, immer wieder übervolle Mülleimer.

Manchmal wird Ihnen das Erwachsenenleben vorkommen wie ein endloser Kampf gegen eine ständig zunehmende Zahl von willkürlichen Dingen, die erledigt werden müssen, sich aber gleich wieder unerledigt machen. Wieder und wieder, weiter und weiter, für immer und ewig. Der Kampf gegen die Hausarbeit ist wie das berühmte Rollen eines riesigen Felsblocks den Berg hinauf, bloß dass man dabei Rollschuhe trägt. Wenn wir uns Sisyphus als glücklichen Menschen vorstellen können, dann nur deshalb, weil er sich erfolgreich vor der Hausarbeit gedrückt hat. *Keine Sorge, Kumpel, geh du nur mit deinem Felsbrocken spielen, wir räumen den Dreck hier weg.*

Im Wesentlichen brauchen Sie **Methoden**, um mit den Qualen der Hausarbeit klarzukommen. Hier sind sechs der besten, die einzeln oder kombiniert angewendet werden können:

Methode I: Schlecht machen

Die Hausarbeit hastig und schlampig zu erledigen, hat zwei große Vorteile: 1.) Sie haben mehr Freizeit, was offensichtlich ein Schritt auf dem Weg zu einem glücklicheren Leben ist, und 2.) wenn Sie Glück haben, wird irgendjemand in Ihrer Umgebung es bemerken und von Ihrer schlimmen Arbeitsmoral, Ihrer Haltung und den erzielten Ergebnissen so genervt sein, dass man Sie nie wieder auffordern wird, diese Aufgabe zu übernehmen. *Volltreffer!*

Methode II: Schummeln

Bei dieser Methode putzen Sie nicht wirklich, Sie tun nur so als ob. Beispielsweise fegen Sie den gesamten Belag einer Oberfläche in eine große Decke, verschnüren diese dann mit einem Band, knoten sie an einen Heizkörper und lassen sie aus dem Fenster hängen. Diese Methode lässt sich auf die meisten Haushaltspflichten anwenden, um sie blitzschnell und bequem zu erledigen:

Problem	Lösung
Abwasch	Abwasch zu einem großen Haufen auf dem Fußboden zusammenschieben, daneben Loch zum Abfließen bohren, dann mit dem Hochdruckreiniger draufhalten.
Abtrocknen	Abgespritztes Geschirr auf ein Abtropfgitter stellen, dann den Raum verlassen, womöglich endgültig.
Gerümpel auf Flächen	Entrümpeln Sie Oberflächen mithilfe Ihres ausgestreckten Armes. Profis benutzen dabei ein Behältnis, beispielsweise eine Kiste, eine Tüte oder einen Mülleimer, um nicht das gleiche Gerümpelproblem auf dem Fußboden zu erzeugen.

	Wenn dieser Behälter voll ist lässt er sich einfach bis zu einem späteren Zeitpunkt hinter einer Tür oder einem Vorhang verstauen (dieser spätere Zeitpunkt hängt natürlich auch davon ab, wie viel organische Materie und altes Essen mit hineingewischt wurde).
Übriges Durcheinander	Wenn Sie keine Zeit für ein gründliches *Zusammenfegen und Lagern* haben, können Sie alternativ auch einen Perserteppich über alles irgendwie Eklige werfen, was sofort eine charmante Bohème-Aura verbreitet.
Staub	Haben Sie glatte Fußböden, sammelt sich der Staub von Natur aus in den Ecken, wodurch sich etwa 90 Prozent des Problems durch zielgerichtetes Kurzsaugen lösen lässt. (Sie könnten noch mehr schummeln, indem Sie in ein Zimmer mit möglichst vielen Ecken ziehen, beispielsweise in einen Dodekaeder.) Ihre Füße sollten Sie als Besen verwenden, um alle größeren Gegenstände unter Regale und Sofas zu fegen, die Ärmel sind praktische und tragbare Oberflächenwischer, und mit einem Paar Socken verwandeln sich Ihre Hände im Nu in Staubwedel.

Methode III: Gäste einladen

Das Hauptproblem bei der Hausarbeit sind die fehlenden ernstlichen Konsequenzen bei Nichterledigung. Okay, vielleicht locken Sie ein paar Fruchtfliegen, Kakerlaken oder freundliche Ratten in Ihre Küche, aber diese Mitbewohner sind nicht groß genug, um einem ausgewachsenen Primaten wie Ihnen wirklich Ärger zu bereiten. Ihre Faulheit bleibt also weitgehend folgenlos, bis die Nachricht von Ihren unfreiwilligen Kompostierversuchen größere Säugetiere anlockt. Wenn Sie dann aber in der Küche kaum noch genug Bewegungsfreiheit haben, um eine Möhre zu schälen, weil Hirsche, Kamele und Flusspferde umherschweifen, sollten Sie vielleicht mal ein bisschen Klarschiff machen.

Da es also keinen wirklichen Leidensdruck gibt, sollte man «Konsequenzen» des unterlassenen Putzens pro-aktiv selbst schaffen, und der beste Anreiz ist immer noch die drohende Ächtung durch andere Erwachsene. Um sich selbst eine Deadline zu setzen, sollten Sie also Menschen zu sich einladen, die aus welchen Gründen auch immer den Dreck, in dem Sie leben, nicht zu sehen kriegen sollten, wie zum Beispiel Ihren Vermieter, Ihre Großmutter, Tom Hanks oder den Bürgermeister von Reykjavik.

Methode IV: Eine Putzkraft bezahlen

Manche Erwachsene lösen das Problem dauernd wiederkehrender Probleme, indem sie die Lösung dieser Probleme dauerhaft an andere Erwachsene delegieren. Wenn das in Ihren Ohren sympathisch klingt, ist eine Putzkraft wahrscheinlich das Richtige für Sie.

Das Problem bei Reinigungskräften ist Folgendes: Jemand anderen dafür zu bezahlen, die ausufernden Emissionen Ihres täglichen Lebens zu beseitigen, führt unweigerlich – und zumeist berechtigt – zu einem Gefühl der Scham. Versuchen Sie, diese Scham zu unterdrücken. Sie könnte Sie sonst in einen Teufelskreis treiben, indem Sie sich gezwungen fühlen, eine Vor-Putzkraft anzuheuern, die Ihre Wohnung putzt, bevor Ihre Putzkraft zum Putzen kommt. Vor der Vor-Putzkraft würden Sie sich dann aber auch schämen, sodass Sie eine Vor-Vor-Putzkraft einstellen, die für die Vor-Putzkraft vorzuputzen würde, und so weiter, bis die Sache absurd kostspielig oder erschreckend philosophisch wird.

Wenn Sie sich allerdings zutrauen, jemanden zum Putzen einzustellen, sollten Sie unnötigen Beschämungen aus dem Weg gehen, indem Sie die Wohnung lange vor dem Eintreffen der Raumpflegekraft verlassen. Dies vor allem, damit Sie nicht beim Weggehen aus Versehen etwas unabsichtlich Herablassendes und Unverzeihliches sagen wie «Na dann viel Spaß!», und das zu einem Menschen, der gleich bis zu den Ellbogen in Ihrer Toilette stecken wird.

Sollten Sie aus irgendeinem Grund während des Fremdputzens zur Anwesenheit in Ihrer Wohnung gezwungen sein, ist es weniger ratsam, einfach auf der Couch liegen zu bleiben, unter einer Schicht von Pizzakartons und Kekskrümeln, und ein lautstarkes Spiel auf dem Handy fortzusetzen, während ein Staubsauger immer wieder gegen Ihre Schienbeine stößt. Stattdessen sollten Sie so tun, als wären Sie weitaus beschäftigter als

Sie es in Wirklichkeit sind: Sie sollten dementsprechend durch Ihre Wohnung laufen und ein *Herrgott-bin-ich-beschäftigt*-Gesicht ziehen, um damit den Anschein zu erwecken, dass Sie eigentlich nur *ALLZU GERN* selbst putzen würden, *WENN* Sie *NUR* die Zeit dazu hätten. Aber leider steht Ihnen die Arbeit derzeit *BIS ZUR UNTERLIPPE*. Wenn Sie diese kleine Pantomime vorgeführt haben, sollten Sie sich in einem anderen Zimmer verstecken, Ihr Handy lautlos stellen und (verschämt) ihr Spiel weiterspielen.

Methode V: Auf romantische und erschreckende Weise exzentrisch sein

Wenn nichts, aber auch gar nichts Sie zur Hausarbeit anregt, wird es vielleicht Zeit für den nächsten, ziemlich drastischen Schritt: Werden Sie eine Art liebenswerter – aber eindeutig gestörter – Haushaltsspinner.

Sie könnten zum Beispiel so tun, als wären Sie in einem Disneyfilm, sich Schwämme, Mopps und Bürsten an den Körper binden, durch die Wohnung tanzen und ein Lied darüber singen, dass das Leben wie ein schmutziger Kuchen ist. Oder Sie könnten vorgeben, sich in einem Science-Fiction-Film zu befinden, in dem Ihr Staubsauger eine Künstliche Intelligenz ist, die in Ihrer Abwesenheit die tollsten Abenteuer in Ihren vier Wänden erlebt. Oder Sie könnten alles schmutzige Geschirr aus dem Fenster werfen, in der Hoffnung, dass eine Truppe bezaubernder Zwerge unablässig vor Ihrem Haus auf und ab marschiert, Tassen und Teller einsammelt und durch neue ersetzt. Das wird sicher nicht passieren, aber das macht nichts: Sie sind jetzt ein liebenswerter Haushaltsspinner.

Es ist natürlich nicht ohne Risiko, sich in einen launenhaften Irren zu verwandeln: Die Wahrscheinlichkeit steigt, dass Sie von psychiatrisch geschulten Pflegekräften mit Gewalt aus Ihrer Wohnung entfernt werden – womöglich dauerhaft. Wenn die also kommen, um Sie abzuholen, könnte sich das entweder als Riesenproblem oder als Glück im Unglück erweisen. Ehe Sie entscheiden, welches von beiden der Fall ist, sollten Sie fragen, wo Sie hingebracht werden und wie viel Hausarbeit dort auf Sie wartet.

Methode VI: Wichtigeres zu tun haben

Am leichtesten hören Sie auf, sich *vor der Hausarbeit zu drücken*, indem Sie eine Ersatztätigkeit finden, vor der Sie sich *noch mehr drücken wollen*. Nichts ermuntert so verlässlich zu heftigsten Putzattacken wie eine eminent wichtige, unmittelbar drängende, aber höchst unangenehme Aufgabe. Ihr Hirn wird sofort jeden Gedanken an Prioritäten ausschalten, und Sie fangen auf Autopilot an zu wischen.

Wahrscheinlich kann nur ein drohender Abgabetermin der Steuererklärung dazu führen, dass Sie wie ein Besessener die Gardinenstangen absaugen und dabei allen Umstehenden versichern, dass die Gardinenstangen auf gar keinen Fall auch nur eine Sekunde länger staubig bleiben dürfen. *SIE MÜSSEN ARBEITEN.* Aber wie sollen Sie bitte schön arbeiten, wenn SOOO viel Staub auf den Gardinenstangen liegt? *IHRE EINKÜNFTE ERKLÄREN? SPINNEN DIE DENN?* Mal ehrlich, haben die gesehen, wie viele Flusen am Läufer hängen? *NUR EIN IRRER KANN SEINE QUITTUNGEN SORTIEREN, WENN DIE KÜCHENSCHUBLADEN SO UNAUFGERÄUMT SIND.* Sie werden ernsthaft loslegen, sobald Sie die Krümelschublade des Toasters geleert, den Reißverschluss des Sofakissenbezugs repariert, die Kleiderbügel poliert und die Scharniere des Briefkastens geölt haben. JA, DANN FANGE ICH AUF JEDEN FALL AN.

PROFI-TIPP: WIE MAN HEIMWERKT

In regelmäßigen Abständen sollten Sie sich selbst und anderen beweisen, dass es sich lohnt, Sie im Fall eines apokalyptischen Szenarios in der Nähe zu haben, und das geht am besten durch ein Heimwerkerprojekt.

Heimwerken bedeutet, dass Sie versuchen, eine handwerkliche Aufgabe zu lösen, mit der Sie normalerweise jemand Fähigeren beauftragen würden, stünde Ihnen nicht ihr lachhafter Stolz im Weg.

Erster Schritt: Übertriebene Bevorratung

Bevor Sie ein Heimwerkerprojekt von gewisser Komplexität starten, ist Ihre erste Aufgabe, in einen Baumarkt zu eilen, um einen so großen Vorrat an Werkzeugen, Befestigungsmaterialien und Spezialausrüstung anzulegen, dass Sie ihn unmöglich vollständig ausnutzen können. Leider sind diese großen Baumarktzentren weniger für enthusiastische Amateure wie Sie gebaut, sondern eher für erfahrene, farbbekleckerte Handwerker, die entschlossen durch die Gänge schreiten und dabei selbstbewusst zwei Tüten genoppte 8mm-Stahl-Alu-Bit-Dings mit Linksgewinde abgreifen. Sie hingegen – das handwerkliche Gegenstück zu einem Kleinkind, das Nudeln auf einen Pappteller klebt – müssen einen Servicemitarbeiter fragen, der wahrscheinlich ein Gesicht ziehen wird, als hätten Sie seine Hochzeitszeremonie mit der Frage nach einem Nagel unterbrochen.

Zweiter Schritt: Mangelhafte Planung

Eine hart erkämpfte Heimwerkerweisheit besagt: «Zwei Mal messen, ein Mal sägen.» Wie bei allen großen Lebensregeln wird sich Ihnen die darin verborgene Wahrheit erst dann erschließen, wenn Sie wirklich bereit dafür sind. Bis dahin sind Ihre handwerklichen

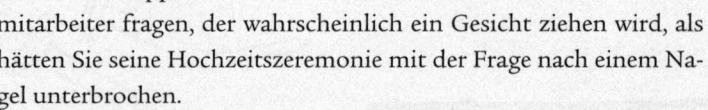

Versuche wahrscheinlich eine Mischung aus bizarrer Selbstüberschätzung, hastiger Improvisation, verwirrenden Ausbrüchen sonst unterdrückter Kreativität und der schwindelerregenden, leichtsinnigen Begeisterung, die alle Erwachsenen überkommt, wenn sie ungestraft schweres elektrisches Werkzeug benutzen dürfen.

Ohne Rücksicht auf Vorsichtsmaßnahmen oder Bedienungsanleitungen werden Sie im Handumdrehen große Teile der Wand mit dem falschen Bohrer malträtieren, immer dem bequemeren, verantwortungsloseren Motto folgend: «Einmal messen, später merken, dass was falsch gelaufen ist.» Macht nichts. Bald schon sind Sie fertig, können zurücktreten und ihr Heimmeisterwerk in seiner ganzen Pracht begutachten.

Dritter Schritt: Neu definiertes Gelingen

Aber nein, meine Liebe, das ist nicht «windschief». Die Asymmetrie ist beabsichtigt und ein ganz wichtiger Aspekt dieser Konstruktion. Aber nein, das ist bestimmt nicht «schwankend» … es hat lediglich einen gewissen *nautischen Charme*. NEIN, DAS IST NICHT «UMGEFALLEN»! DAS *UNTERSTREICHT* NUR DIE LÄSSIGE ENTSPANNTHEIT, MIT DER MAN IN MEINER WOHNUNG DER SCHWERKRAFT BEGEGNET, SIE AHNUNGSLOSER SPIESSER!

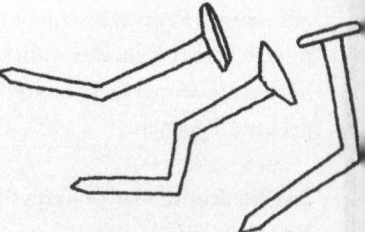

HEÏMWERKEN *FÜR ANFÄNGER*

ZWEITES KAPITEL

LEBEN

WIE MAN EINKAUFEN GEHT

Befreien Sie sich von der Qual der Wahl

Als moderner Sammler und Jäger haben Sie es leicht: Der größte und anstrengendste Teil der Nahrungsbeschaffung ist bereits für Sie erledigt worden. Sie müssen sich bloß noch auf die Jagd nach einem Supermarkt begeben, Ihr Essen in einem Wagen sammeln und es dann sicher nach Hause schaffen, ohne unterwegs von einem Pteranodon gefressen zu werden.

Die moderne Welt hat sich jedoch ein neues (zugegeben, weniger ernsthaftes) Problem geschaffen, nämlich die Schwierigkeit, in einem uferlosen Meer der Möglichkeiten treibend Entscheidungen treffen zu müssen. Supermärkte sind prachtvolle moderne Kathedralen des unfassbaren Überflusses, weshalb man sich sehr leicht darin verlaufen kann, überwältigt von der unendlichen Auswahl, gelähmt von den zahllosen Möglichkeiten, herumstolpernd in stiller Ehrfurcht und Verwirrung, irre vor sich hin murmelnd, die Vor- und Nachteile vierzig verschiedener  Frühstücksflocken abwägend, während die ganze Zeit eine leise Kifferstimme im Hinterkopf flüstert: *«Wow, Mann, Alter, wie bin ich denn hier bloß gelandet?»*

Zum Glück dauert es nicht lange, bis Ihnen das Staunen und Bewundern durch die wöchentliche Wiederholung der Aufgabe brutal ausgetrieben wird. Wenn es so weit ist, wollen Sie das Einkaufserlebnis bloß noch so schnell wie möglich hinter sich bringen, so wenige Entscheidungen wie möglich treffen und mit der geringstmöglichen Gehirnbeteiligung aus dem Warenlabyrinth herausfinden. Sie werden wütend durch die Gänge stapfen, einen

eigensinnigen Wagen mit kaputtem Hinterrad vor sich her schieben und wie alle anderen grummeln: «Oh Mann! Einkaufen dauert sooooo lange!» (Was natürlich überhaupt nicht stimmt, wenn man es mit Ackerbau und Viehzucht vergleicht.)

Allein Einkaufen gehen

Wenn Sie zu zweit effizient einkaufen wollen, müssen Sie zuvor einschätzen, ob Ihr Partner Ihnen Hilfe oder Hemmschuh sein wird. Wenn Sie so ein Powerpärchen sind, das im Voraus Listen schreibt, sich aufteilt, Walkie-Talkies verwendet und damit die Arbeitsbelastung halbiert: super. Wenn Ihr Partner jedoch irgendwie trödelig, launisch, exzentrisch, chaotisch, impulsiv, vergesslich oder bescheuert ist, kann das nicht funktionieren. Dann wird er oder sie Ihnen nur ein Klotz am Bein sein.

Man schickt den Partner los, um Milch zu besorgen, er verschwindet eine gute Dreiviertelstunde lang und kehrt dann mit einer angebissenen Ananas zurück.

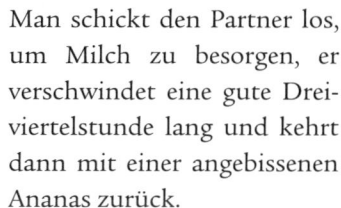

Einen solchen Partner sollten Sie besser zu Hause lassen, von wo er im schlimmsten Fall telefonische Rückmeldungen geben kann. Wenn Sie ihn aber unbedingt mitnehmen müssen, versuchen Sie ihn ins Supermarktcafé zu setzen (lenken Sie ihn mit einem Donut ab und laufen Sie weg), oder noch besser: mit einer Handvoll Kleingeld ins Münz-Auto draußen vor dem Laden, Namen und Telefonnummer auf den Handrücken geschrieben, falls er verloren geht.

Großer Laden oder kleiner Laden?

Im Allgemeinen gibt es zwei verschiedene Arten des Einkaufens.

1. Ohne Auto

Das begrenzt Ihren Einkauf auf die Menge, die Sie mit beiden Armen tragen können, weshalb Sie praktisch jedes Mal, wenn Sie hungrig sind, erneut einen Supermarkt aufsuchen müssen.

2. Mit Auto

Mit dem Auto dauert das Einkaufen länger, aber Sie können jedes Mal im Supermarkt so tun, als sei es der letztmögliche Besuch vor einer nuklearen Katastrophe.

Das Einkaufen ohne Auto ist natürlich der sicherste Weg, das Risiko der *Option Paralysis* zu minimieren, denn die Einkaufsmenge ist durch Ihre persönliche Tragekapazität beschränkt. Eine andere Gefahr ist hierbei jedoch, dass Sie einen Laden in der Absicht betreten, nur zwei Kleinigkeiten zu erwerben, um fünf Minuten später stapelweise Tiefkühlpizza, die gerade im Sonderangebot war, auf den Armen zu balancieren, einen Eierkarton unters Kinn geklemmt zu haben und mit einem Zwölferpack Klopapier zwischen den Knien zur Kasse zu watscheln.

Wenn Sie auf halbem Weg durch den Supermarkt bemerken, dass Sie eigentlich einen Einkaufswagen oder Korb benötigt hätten, bringen Sie einfach alles, was Sie schon zusammengerafft haben, nach vorn zur Kasse und legen es dort in der Nähe auf dem Boden ab. Gehen Sie dann so oft wie nötig zurück und laden jede neue Beute auf den alten Haufen, wie ein Eichhörnchen, das Nüsse für den Wintervorrat sammelt.

Jemanden nachahmen

Wenn Sie Einkaufsentscheidungen ganz und gar vermeiden wollen, ist der kürzeste Weg, eine Person nachzuahmen, die sich mit dem Einkaufen schon sehr gut auskennt, und deren System später zu Hause zu entschlüsseln. Dazu müssen Sie gleich nach der Ankunft den Supermarkt nach Menschen absuchen, die offensichtlich wissen, was sie tun, dann einem von ihnen möglichst unauffällig in sicherem Abstand folgen und jeden Gegenstand in Ihren Einkaufswagen legen, den dieser Mensch in seinen legt.

Wenn Ihnen die Vorstellung, genau das Gleiche zu kaufen wie ein anderer Kunde, nichts ausmacht, können Sie auch gleich den nächsten Zeit sparenden Schritt tun und einfach den vollen Einkaufswagen von jemand anderem nehmen. Es wird Ihnen im Supermarkt des Öfteren auffallen, dass ein Kunde seinen Wagen völlig unbeaufsichtigt stehen lässt, um die Nährwertangaben auf einem Joghurtglas aufmerksam zu lesen. Die Gelegenheit sollten Sie nutzen, sich den Einkaufswagen schnappen, um die Ecke schieben und dann rasch zur Kasse hasten.

Streng genommen ist das noch nicht mal Diebstahl, da der andere Kunde die Ware ja noch gar nicht bezahlt hat. Er oder sie hat das Zeug im Einkaufswagen bloß *ausgewählt*, also könnte man Ihnen schlimmstenfalls vorwerfen, *geistiges Eigentum* entwendet zu haben, und das hat ja heutzutage ohnehin keinen Wert mehr.

Wenn Sie es also mit dem Wagen eines anderen Kunden aus dem Supermarkt geschafft haben, herzlichen Glückwunsch. Bevor Sie allerdings die raubkopierten Einkäufe in den Kofferraum laden und nach Hause rasen, sollten Sie noch einmal rasch überprüfen, ob Sie tatsächlich nur Lebensmittel raubkopiert oder ob Sie in Ihrer Hast nicht auch unbemerkt ein Kleinkind im Kindersitz mitgenommen haben.

Sollten Sie tatsächlich ein Kind entdecken, geraten Sie bitte nicht in Panik. Je nachdem, wie weit entfernt vom Laden Sie geparkt haben, können Sie entweder zurücklaufen und das Kind beim Kundenservice abgeben, oder Sie nehmen es mit nach Hause und ziehen es als Ihr eigenes groß.

PROFI-TIPP: WIE MAN EINE DIÄT MACHT

Wenn Sie plötzlich das Gefühl haben, Treppen oder sportliche Aufgaben nicht mehr so gut bewältigen zu können oder nicht mehr in Ihre Lieblingsunterwäsche zu passen, könnte es Zeit für eine Diät sein. Eine Diät ist eine langweilige und wenig spaßige Methode, Ihren Körper wieder in die vorherige Form zu bringen, indem Sie einen großen Teil der Inhaltsstoffe streichen, durch die Sie so viel kuscheliger geworden sind.

Erster Schritt: Willenskraft aufbringen

Sind Sie erwachsen, schwingt das Pendel Ihres Stoffwechsels langsam und unerbittlich in Richtung *Konsequenzen*. Natürlich ist es denkbar, dass Sie stets achtsam und maßvoll gelebt haben – sich niemals übermäßig den Genüssen von Käse und Kuchen, Steak und Bier, Kaffee, Eis und Wein hingegeben haben –, doch viel wahrscheinlicher ist, dass Sie Ihr Lebensschiff mit einer Diät nicht etwa auf ruhigem Kurs halten, sondern mit diesem Notfallmanöver widerwillig davor bewahren wollen, gegen den Leuchtturm zu krachen. Darum ist es viel leichter, eine Diät zu beginnen, wenn sich ein motivierender Anlass dafür bietet, zum Beispiel ein bevorstehender Strandurlaub, eine Hochzeit oder der Jahrestag eines Herzinfarkts.

Zweiter Schritt: Versuchungen vermeiden

Bevor Sie «morgen», «nächste Woche» oder «nach Weihnachten» Ihre Diät beginnen, sollten Sie so viele Versuchungen wie möglich aus Ihrem Blickfeld verbannen, damit Ihr Hirn nicht jedes Mal wie ein gieriges Kleinkind «WILL HABEN» schreit, wenn es irgendetwas Zuckerhaltiges entdeckt. Das ist außerhalb Ihrer eigenen vier Wände leider gar nicht so einfach, vor allem werden Ihnen im Supermarkt die Regale in der Nähe der Kasse Probleme bereiten, weil die Marktdesigner dort strategisch «Naschwaren» platzieren, um die Gier zuckersüchtiger Kinder zu wecken. Eine Zeitlang müssen Sie, wenn Sie in der Schlange stehen, auf Ihre Schuhe starren oder der Kassiererin intensiv in die Augen schauen, bis sie den Spießrutenlauf der farbenfroh verpackten Diabetesbomben hinter sich haben.

Auch in Restaurants sollten Sie auf der Hut sein. In unseren modernen Zeiten haben zwar die meisten Gaststätten, die etwas auf sich halten, eine Diät-kompatible Alternative zu ihren weltberühmten *Spaghetti Carbonara* oder *Filet Mignon* auf der Speisekarte, doch bedenken Sie, dass der Küchenchef dieses Gericht wahrscheinlich widerwillig aus irgendwelchen Resten zusammengerührt hat, weil er allein schon dessen Existenz als Beleidigung seiner gesamten Laufbahn betrachtet.

Dritter Schritt: Sich überlegen fühlen

Wenn Sie im Restaurant essen müssen, stellen Sie sich darauf ein, die offensichtlich fadeste Speise am ganzen Tisch zu sich zu nehmen. Um diesem Gefühl des «Versäumens» etwas entgegenzusetzen, sollten Sie augenblicklich anfangen, die Essgewohnheiten aller anderen Menschen als unaufgeklärt, ungesund, unmoralisch und eklig zu verurteilen. Das Gefühl der Überlegenheit ist ein wichtiger Aspekt bei der Stärkung Ihrer Willenskraft, die Sie bei jeder Veränderung Ihrer Nahrungsgewohnheiten benötigen.

Selbst wenn Sie als letzte Mahlzeit vor dem Beginn Ihrer Diät ein Weißbrotsandwich mit Schinken und Käse verzehrt haben, sollten Sie am nächsten Tag jeden Menschen, der ein derartiges Käse-Schinken-Sandwich isst, so entsetzt anstarren, als würde er mit vollen Händen feuchte Zigaretten aus einer antiken Elfenbeinschüssel mampfen und nebenbei neongrell schillernde Chemikalien in einen Koi-Teich schütten.

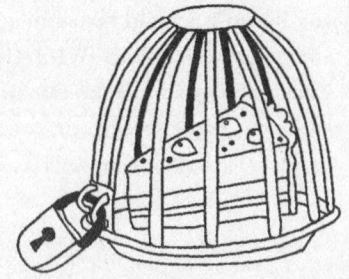

WIE MAN ALKOHOL TRINKT,
OHNE SICH ZU BLAMIEREN

Der Spaß von heute ist der Kater von morgen

Zum Erwachsenenleben gehört meist eine ganze Reihe alltäglicher Verpflichtungen, Aufgaben, Verantwortlichkeiten, Termine und Probleme, die sich alle zusammen zu einer unromantischen Realität verdichten, von der man gern ab und an mal eine kurze, erfrischende Auszeit nimmt. Der mit Abstand beliebteste, bewährteste und weltweit erfolgreichste Weg für Erwachsene, diesen zugleich langweiligen und stressigen Teil des Lebens hinter sich zu lassen, ist die Meditation. Was natürlich Quatsch ist. Es ist der Alkohol.

Da Sie offensichtlich den idiotischen Alkoholkonsum Ihrer Jugendzeit überlebt haben, sind Sie hoffentlich gereift und haben die wertvollen Lektionen über vernünftigen Alkoholkonsum nur mit einem leichten Leberschaden bezahlt. Vielleicht halten Sie sich wegen verschiedener fehlgeleiteter alkoholischer Experimente als Teenager jetzt auch für einen qualifizierten und zertifizierten Trinkexperten. Sie kennen Ihr Limit, und Sie kennen die Folgen, wenn Sie dieses Limit vergessen. Sie und der Fusel – Sie haben sich den gegenseitigen Respekt hart erkämpft.

Eins haben Sie aber vielleicht noch nicht gelernt: die Begeisterung für das Hobby-Trinken mit den Aufsteh- und Arbeitszeiten, die als Erwachsener von Ihnen erwartet werden, zu verbinden. Es folgt ein ernüchternder Ratgeber, wie man aus beidem einen passenden Cocktail mixt.

Haftungsausschluss

Wenn Sie schon beim bloßen Gedanken an «maßvolles Trinken» und «verantwortungsvolles Verhalten» schweißnasse Hände kriegen, sind Sie emotional vielleicht noch nicht so weit, die gesellschaftliche Sicherheitszone der «Jugend» (im weitesten Sinne) zu verlassen. Keine Sorge. Wenn Sie sich weiterhin rund um die Uhr betrinken wollen, so wie in den guten alten Zeiten, könnten Sie einfach eine akademische Ausbildung in Betracht ziehen. Sie beantragen einen Kneipenkredit (auch «BAföG» genannt) und steuern eine der ältesten und edelsten Trinkanstalten des Landes an: die Universität. An der Universität lernen Sie alles Mögliche (übers Trinken), und der einzige Haken ist, dass Sie sich gelegentlich in der Reichweite von Büchern aufhalten müssen.

Flüssigkeitshaushalt

Wenn Sie Teenager sind, bemerkt Ihr Körper einen Kater praktisch gar nicht. Sie wachen nach zwei Stunden Schlaf in einer Lache auf, die womöglich aus Ihrem eigenen Erbrochenen besteht, wechseln das T-Shirt, und ehe Sie sich versehen, sitzen Sie schon wieder mit einem Gin Tonic im Ruderboot. Als Erwachsener hingegen haben Sie Ihr «Abendvergnügen» direkt vom nächsten Tag geborgt, und dann müssen Sie zurückzahlen.

Leider werden die Nachwirkungen alkoholischer Exzesse mit zunehmendem Alter immer unangenehmer: von leichtem, jugendlichen Unwohlsein zu einem wochenendlangen, ausgewachsenen Traumata. Eine der grundlegenden Veränderungen, die Sie an sich bemerken werden, ist die Häufigkeit, mit der Sie Sätze wie «Ich werde nie wieder Alkohol trinken» jammern, während Ihr Kopf im Klo steckt und sich so angeschwollen anfühlt wie eine schwangere Seekuh.

Als Lösung dieses Problems wird oft der Satz «Sein Limit kennen» angegeben. Aber dieser Ratschlag ist natürlich albern, denn ein zunehmend benebeltes Hirn «kennt sein Limit» in etwa so gut, wie sich ein zunehmend eingeölter Mann beim Partyspiel *Twister* anstellt. Hätten die guten Vorsätze eines nüchternen Menschen irgendeine Auswirkung auf die Entscheidungen, die er in angetrunkenem Zustand trifft, wären die Notaufnahmen der Krankenhäuser am Freitag- und Samstagabend nicht voll mit sternhagelvollen Gestalten.

In Maßen

Eine der wirkungs- und zugleich anspruchsvollsten Methoden, vernünftig zu trinken, ist die oben bereits erwähnte Regel des Maßhaltens. Das Knifflige an der Sache ist, dass Sie zwar allmählich eine grobe Vorstellung davon entwickeln, wie viel Alkohol Sie ohne unangenehme Konsequenzen trinken können, sich dann aber ganz gern plötzlich ein neuer, unvorhergesehener Faktor in die Gleichung schleicht (Tequila, ein leerer Magen, Übermut), der alle vorherigen Berechnungen über den Haufen wirft.

Ehe Sie es richtig merken, hängen Sie schon in den Seilen und murmeln irgendjemandem «Keinangst, chbin kein bbisschn trunkn!» ins Ohr, weil Sie absolut überzeugt davon sind, dass Sie gar nicht betrunken sein *können* – doch nicht nach so wenigen Getränken –, obwohl Sie viel weniger sicher sind, was eigentlich in den letzten vier Stunden vorgefallen ist und wieso Sie im Augenblick mit einem Polizisten auf einer Verkehrsinsel stehen, zwei Städte von zu Hause entfernt, ohne Hose, dafür mit einem gestohlenen Lama.

Bei solchen Anlässen, wenn Sie schließlich wie eine Zombiegiraffe aus Weingummi nach Hause schlenkern, ist es ganz entscheidend, dass Sie bereits über eine Notfallroutine vor dem Zubettgehen verfügen. Das Ziel ist es, ungeachtet der Tatsache, dass Sie stundenlang ununterbrochen Alkohol in Ihren Blutkreislauf gepumpt haben, den gesamten angerichteten Schaden in den letzten beiden Minuten vorm Schlafengehen wieder zu reparieren. Diese ohnehin zweifelhafte Strategie besteht, falls

Sie sich im entscheidenden Moment überhaupt daran erinnern, vor allem aus dem blasensprengenden Herunterstürzen großer Mengen Wasser gleich nach Betreten der Wohnung sowie dem entschlossenen, beinah instinktiven Versuch, sich etwas Toast ins Gesicht zu drücken, ehe Sie das Bewusstsein verlieren.

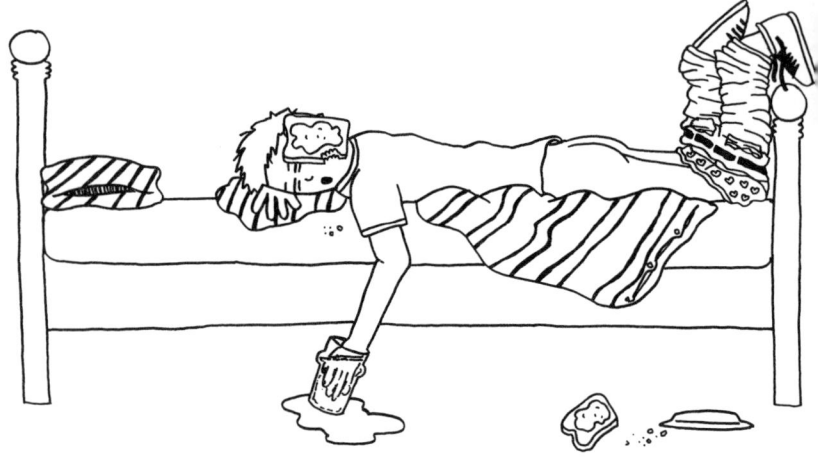

Organisation

Die sicherste Art, das Erwachsenendasein erträglich zu gestalten, besteht darin, den Morgen so gut es geht zu vermeiden. Der Morgen ist eine schreckliche Erfindung, voller Vögel und Briefträger. Sie sollten versuchen, so spät wie irgend möglich aufzustehen, um den unangenehmen Einfluss zu mindern, den der Morgen auf Ihren Tag haben kann.

Wenn sich jedoch keine plausible Ausrede finden lässt, die Ihren Einsatz am Arbeitsplatz erst gegen Nachmittag erfordert, dann ist die zweitbeste Lösung, alle wichtigen Erledigungen im Tageslauf so weit wie möglich nach hinten zu verschieben. Nichts auch nur im Ansatz Bedeutsames sollte jemals vor zwölf Uhr mittags terminiert werden, damit Sie beste Chancen haben, zumindest einigermaßen menschlich zu wirken, wenn das Bedeutsame eintrifft.

Arbeitskräfte in fast allen Branchen haben herausgefunden, wie vorteilhaft es ist, seinen Kater an den Arbeitsplatz auszuführen. Denn wenn es einem schon schrecklich geht, kann man dabei wenigstens noch Geld verdienen. Wenn Sie diesen Weg wählen, sollten Sie jedoch versuchen, möglichst unauffällig und unbemerkt zu bleiben, denn manche Menschen – Ihr Chef, Ihre Kollegen oder Ihre Kunden – finden womöglich keinen Gefallen daran, dass Ihrem geschrumpften Gehirn genau das gleiche Gehalt gezahlt wird wie dem voll im Saft stehenden, gesunden Organ.

Wenn Sie sich am Morgen eines wichtigen Arbeitstages beim Aufwachen immer noch unglaublich betrunken fühlen, hat das zwei schwerwiegende Implikationen:

1. Ihr Kater ist noch nicht da.
2. Ihr Kater wird besonders grauenhaft ausfallen, wenn er kommt.

Sollten Sie etwas wirklich Wichtiges zu tun haben, bedeutet diese kurze, angeheiterte Vorwarnung, dass Ihnen immerhin noch eine kleine theoretische Chance auf ein Notfall-Ausweichmanöver bleibt, bevor die drohende Lawine aus Schmerz, Übelkeit und kompletter Inkompetenz auf Sie niedergeht. Leider kann Ihnen jetzt nur noch eine bekannte Medizin helfen – die Medizin, die Sie überhaupt erst krank gemacht hat. *«Lick the hair of the dog that bit you»* lautet das englische Sprichwort. Ich fürchte, dieses Hundehaar ist jetzt die einzige Rettung. Halten Sie sich die Nase zu und die zitternden Hände ruhig, holen Sie tief Luft und wappnen Sie sich für den morgendlichen Rettungswhisky.

Viel Glück und Gottes Segen, tapferer Erwachsener, ich hoffe, Sie schaffen es ans andere Ufer ... *Prost.*

WIE MAN IN DEN URLAUB FÄHRT

Aus Spaß Ausländer werden

Wo wir gerade vom Trinken reden: Erwachsene sind ein bisschen wie Bier. Sie alle bestehen im Grunde aus dem gleichen feuchten, leckeren, wunderbaren Ausgangsmaterial, doch als Kinder wurden sie in unterschiedliche Behälter gegossen, die wir «Länder» nennen. Sie wuchsen in dem Bewusstsein auf, die Form ihres Behälters sei die normale und korrekte – weil sie ja so perfekt hineinpassten –, und gleichzeitig sahen sie sich um, sahen all die anderen, anders geformten, fremden Behälter, und fanden diese ein bisschen, na ja, seltsam. Da würden sie ganz bestimmt nicht hineinpassen – das Eckige geht eben nicht ins Runde.

Wenn die Erwachsenen dann später immer mal wieder Zeit in anderen Behältern verbringen, wird ihnen irgendwann klar, dass jedes andere Bier fast genauso ist wie sie – nur dass es eben in der Kindheit in einen anderen Behälter geschüttet wurde und ebenso annimmt, dass nur dieser Behälter die normale und korrekte Form hat. Wie albern! Daraufhin werden die Erwachsenen etwas weisere Reisende, ihnen schmecken verschiedene Biersorten, und natürlich trinken sie auch mehr.

Manche Erwachsene sind allerdings eher wie Eiswürfel: Es spielt gar keine Rolle, in welche Behälter man sie schüttet, sie sind und bleiben bescheuerte Eiswürfel, die oben im Glas herumklimpern und allen das Bier versauen. Das ist die Sorte Touristen, die jeder Einheimische eines jeden Landes fürchtet. Zum Glück gibt es einige einfache Regeln, um zu vermeiden, dass Sie selbst so ein Eiswürfel werden.

Sprachgrenze

Wenn Sie ins Ausland reisen, werden Sie – in gewissem Maße – zum Botschafter Ihrer Nation. Doch im Gegensatz zu einem echten Botschafter sprechen Sie wahrscheinlich die Sprache des Landes, in dem Sie sich gerade befinden, kaum oder gar nicht. Das heißt, Sie müssen auf primitivere Kommunikationsmethoden zurückgreifen, zum Beispiel wie ein Irrer grinsen und auf Dinge zeigen.

Es würde jedoch von schlechten Manieren zeugen, wenn Sie sich *kein Wort* der örtlichen Sprache aneigneten. Sie sollten sich schon die Mühe machen, wenigstens «Bitte», «Danke», «Entschuldigung» und «Ich verstehe nicht» zu lernen und diese Basiswendungen dann voller Stolz und mit großer Begeisterung in allen Situationen und Zusammenhängen zu gebrauchen.

Unwissenheit

Als Tourist ist es Ihre Aufgabe, Fotos von Sachen zu machen, die Sie nie wieder anschauen werden, und die einfachsten Benimmregeln falsch zu verstehen. Außerdem bietet Ihnen Ihre Fremdheit die großartige Möglichkeit, eine freundliche Unwissenheit und naive Dummheit an den Tag zu legen, wie man sie bei gleichaltrigen Einheimischen niemals tolerieren würde.

Am offensichtlichsten lässt sich diese unschuldige Ignoranz bei der Suche nach einer riesigen und berühmten Sehenswürdigkeit ausleben. Als Tourist – und *nur* als Tourist – dürfen Sie direkt vor der riesigen Sehenswürdigkeit stehen und den erstbesten Passanten fragen: «Entschuldigung, könnten Sie mir wohl bitte sagen, wo ich diese riesige Sehenswürdigkeit finde?» Wenn der Passant lacht und über Ihre Schulter zeigt, ignorieren Sie ihn und entfalten gemächlich Ihre 87-seitige Mega-

Landkarte. Dann fragen Sie: «Ich glaube, sie sollte irgendwo hier sein ... ist das richtig?» Und dabei zeigen Sie auf das falsche Land.

Während dieses Vorgangs sollten Sie den Einheimischen in freundlichen Smalltalk verwickeln, um die internationalen Beziehungen zu verbessern. Ganz bestimmt bezaubern Sie ihn mit Ihrem Akzent, Ihrer Neugier und Ihrem verblüffend niedrigen Kenntnisstand bezüglich seines Heimatlandes. Wenn Sie zum Beispiel in Großbritannien jemanden fragen, woher er stamme, und derjenige Ihnen eine Stadt nennt, die nicht London heißt, könnten Sie die Anschlussfrage stellen: «Ist das in der Nähe von London?» Wenn der Betreffende «Nein, ganz und gar nicht» antwortet, haken Sie weiter nach, wie weit genau von London entfernt diese Stadt denn sei. Womöglich lautet die Antwort: «Wirklich sehr, sehr weit weg. So weit wie es überhaupt nur geht. Ich wohne am äußersten Ende einer kleinen Insel vor der Nordküste Schottlands.» Dann könnten Sie ihn fragen, wie lange sein Arbeitsweg nach London wäre, wenn er dort arbeiten würde wie jeder richtige Mensch.

Währung

Als fröhlich grinsender Tourist betrachten Sie das Geld des fremden Landes am besten nicht wie eine echte Währung, sondern eher wie Monopoly-Spielgeld.

Im Ausland Sachen zu bezahlen ist etwas ganz anderes als zu Hause, wo die Zahlen neben den Waren im Laden an eine langweilige Realität geknüpft sind, an Dinge wie *Konsequenzen*. Im Urlaub sind Sie frei von diesen Einschränkungen – es ist ja nur Monopoly-Spielgeld. Daher sollten Sie einfach den höchsten Betrag an fremder Währung abheben, den auszugeben Sie sich auch nur im Entferntesten vorstellen können, und dann alles kaufen, wonach Ihnen irgendwie der Sinn steht, bis dieser Betrag ausgegeben ist. Daraufhin können Sie entweder den Rest des Urlaubs vom Hotelbalkon aus Ihre Lage bejammern oder *Sie gehen über Los*, sprich heben einfach ein weiteres Mal den Höchstbetrag fremder Währung ab, den auszugeben Sie sich im Entferntesten vorstellen können, und das Spiel beginnt von vorn.

Einkaufen

Mit so viel Geld in der Hand sollten Sie am besten gleich fröhlich in den nächsten und total ausländischen Supermarkt hüpfen, mit Regal um Regal voller Dinge, die Sie allein nach den Bilder auf den Verpackungen auswählen müssen. Das dauert lange, macht aber auch sehr viel Spaß, denn Sie lernen vorübergehend ausländische Comic-Werbefiguren kennen und unfreiwillig komische Namen ausländischer Reinigungsprodukte wie *Foca* oder *Spaz*!

Bezahlen

Den Einkaufskorb mit ausländischen Produkten zu füllen ist natürlich noch einfach. Sie haben alle Zeit der Welt, um zu stöbern, Dinge in die Hand zu nehmen, wieder wegzulegen und unbekannte Waren fasziniert, verwirrt oder entsetzt anzustarren.

Das Nervenaufreibende ist, die Dinge dann zu bezahlen, denn dabei müssen Sie unter Druck, der gleich von zwei Seiten kommt, einen kühlen Kopf bewahren:

1. Sie fürchten, dass die Kassiererin jeden Augenblick etwas Wichtiges sagen könnte und Sie zur Antwort nur starren können wie eine Kuh, die gerade ein Geräusch gehört hat.
2. Sie stehen in einer Schlange, und das bedeutet, dass Sie zwar dumm aussehen dürfen, aber schnell sein müssen.

Weil Sie nicht begreifen werden, wie hoch der Gegenwert Ihrer bizarren Ansammlung geheimnisvoller Güter ist, sollten Sie dem Kassenpersonal einfach den größten Geldschein reichen, den Sie besitzen. Der etwas unwirsche Mitarbeiter wird Ihnen dann in etwa Ihr Körpergewicht in Kleingeld aushändigen. Das verteilen Sie in Ihren Taschen und gehen in den nächsten Laden. Wenn Sie dort wieder nicht verstehen, was Ihr Einkauf kosten soll und es Ihnen zu peinlich ist, stundenlang die neuen Münzen zu zählen, reichen Sie einfach Ihren zweitgrößten Geldschein über den Tresen. Verfahren Sie weiter nach diesem System, bis die Nachttischschublade in Ihrem Hotelzimmer so voll ist mit kleinen Münzen, dass man glauben könnte, ein Straßenmusiker habe seinen Hut darin ausgeleert.

Trinkgeld

Während Trinkgeld zu geben Ihnen zu Hause wenigstens noch die Möglichkeit bietet, auf bequeme Art und Weise Ihr Kleingeld loszuwerden, ist es im Ausland das Verwirrungssahnehäubchen auf dem Konfusionskuchen. Trinkgeld ist ohnehin schon eine geisteskranke menschliche Erfindung, und erst recht natürlich außerhalb des eigenen Kulturkreises. Rund um die Welt können sich die Bräuche und Regeln erheblich unterscheiden, was zu allen möglichen Phänomenen führen kann – zu kleines, zu großes, nicht existentes, zu subtiles oder zu übermütiges Trinkgeld.

Vergessen Sie im Urlaub nicht: Die Trinkgeldzahlung *soll* für Ausländer kompliziert sein. Denn wenn ein erwachsener Tourist vor dem Dilemma steht, entweder unhöflich und angeberisch zu erscheinen oder von behaarten Männern auf Mopeds aus dem Restaurant gejagt zu werden, wird er sich aller Wahrscheinlichkeit nach für Trinkgeld, Trinkgeld, zu viel Trinkgeld und noch mehr Trinkgeld entscheiden. Er wird hocherfreut die Gelegenheit wahrnehmen, das viele nutzlose Kleingeld, das er in seinen Taschen mit sich herumträgt, auf ein Tellerchen zu legen und das Restaurant mit leichterer Hose zu verlassen.

Trinken

Wenn sich Ihr Magen erst einmal an die neuen Aromen überraschender Tellergerichte gewöhnt hat, wird es Zeit, sich im echten Urlaubsgeist ausländischem Alkohol zu widmen.

Da Sie sich ja selbst eingeredet haben, «echter Urlaubsgeist» bedeute, «eine Woche lang ein bisschen anders zu sein», sollten Sie Ihren *Inneren Alkoholzeiger* auf *Probieren* stellen. Wenn Sie es richtig anstellen, erwächst aus dem Vorsatz, keine zwei Mal das gleiche Bier zu trinken, bald eine Weinprobe mit mindestens einem Regal regionaler Tropfen, und daraus entwickelt sich ein Probierfest sämtlicher unbekannter Liköre, Schnäpse und Cocktails, die Ihnen das Thekenpersonal ernsthaft als lokale Spezialitäten anpreist, jedenfalls speziell genug für Ihre Urlaubsgeist-Ansprüche.

Sie hingegen dürften sich dabei allmählich zu einer blubbernden, übertrieben großzügigen ausländischen Belastung entwickeln, die unerklärlicherweise sämtliche Servicekräfte umarmen und sich für ihre hervorragenden Empfehlungen bedanken möchte.

Trinken und Trinkgeld

Wo der Fusel fließt und das Monopoly-Geld sich wie Luftschlangen aus Ihrer Brieftasche windet, um sich der Stimmung anzupassen, wird es bald wieder Zeit, Trinkgeld zu geben. Inzwischen ist jede Sorge um Bräuche und Regeln die Bar-Toilette hinuntergespült worden, stattdessen ist ein ganz neues, begeistertes und kurzsichtiges Schätzwert-System in Kraft getreten. Es handelt sich dabei um ein lockeres Rechenmodell, das hauptsächlich auf der Attraktivität der Sie bedienenden Person basiert, auf dummtrunkener Großzügigkeit und der flüchtigen, neu gewonnenen Erkenntnis, *dass das Leben ECHT viel zu kurz ist und Geld NUR so viel Bedeutung hat, wie man ihm gibt.*

Leider werden Sie diese neue Einstellung zum «Leben im Augenblick» wahrscheinlich nicht mehr ganz so eloquent ausdrücken können, sondern eher mit dem Kopf auf dem Tresen liegen und «SSCCHHNAPPPSSS!!!» rufen.

WIE MAN «AUF DEM LAUFENDEN» BLEIBT

Herausfinden, was «wirklich» abgeht

Je weiter Sie im Erwachsenenalter voranschreiten, desto mehr Menschen werden Sie wahrscheinlich treffen, die sich ihrer «Meinungen» über «Themen» sehr sicher sind. Das kann peinlich werden, denn wenn Sie von jemandem mit dessen «Meinungen» über «Themen» konfrontiert werden, tritt bisweilen zutage, wie vage, verwirrt, falsch oder einfach nur Wischiwaschi Ihre eigenen «Meinungen» über diese «Themen» sind. Jetzt stehen Sie vor einer schwierigen Entscheidung: Sie können versuchen, sich mit Ihrer relativen Ahnungslosigkeit abzufinden, oder Sie können sich zu den vielen anderen Erwachsenen ins Hamsterrad gesellen, die sich ein Leben lang abstrampeln, um «auf dem Laufenden» zu bleiben.

Sollten Sie also in diese zeitraubende und endlose Abwärtsspirale geraten, gibt es zum Glück einen ganz einfachen Trick: Wenn jemand zu einem Thema eine «Meinung» äußert, die klüger oder auch bloß bequemer klingt als Ihre aktuelle, dann beschließen Sie schlicht, diese «Meinung» von nun an zu teilen und sie als Ihre eigene auszugeben. Ganz leicht. So werden Sie eine Art Ansichtensammler – Sie tasten umher wie eine blinde, betrunkene Krake, immer auf der Suche nach den am besten klingenden Meinungen.

Nachrichten schauen

Nachrichten schauen ist der sicherste Weg, zumindest das zu wissen, was die anderen Menschen wissen, die ebenfalls Nachrichten schauen. Immerhin, wenn jemand bei der Arbeit mit

Ihnen über die letzte Folge der Endlosserie namens Nachrichten plaudern will, dann wissen Sie zumindest, wer die Hauptfiguren sind und welche Handlungsstränge noch nicht aufgelöst wurden.

Das Tolle am Nachrichtenschauen ist, dass Sie dafür nur etwa eine halbe Stunde Ihres Tages aufwenden müssen. Das Schlimme ist, dass auf der Welt ganz bestimmt mehr Dinge passieren, als dass man sie in einer halbstündigen Nachrichtensendung zeigen könnte. Was Sie da also sehen, ist ein unglaublich komprimierter Überblick über einige wenige wichtige Ereignisse des vorigen Tages, handverlesen, um die Welt verwirrender, erschreckender oder unverständlicher erscheinen zu lassen, als sie es in Wahrheit ist. Hier folgt eine knappe Einführung in die Hierarchie der Kriterien, mit der die Nachrichten ihre Meldungen sortieren:

Tod einer Berühmtheit

Bilder einer Explosion / (Neuer) Krieg / Unvorhersehbare Tragödie

Krise! / Skandal! / Sich womöglich abzeichnender Trend ... auf jeden Fall Angst haben!

Unsympathische Person sagt / tut etwas typisch Unsympathisches

Die üblichen, langweiligen,
schwer im Bild darstellbaren
Probleme, die einfach nicht
verschwinden wollen

Fast alle Menschen
fast überall
verleben einen
vollkommen
normalen Tag

Gute Nachrichten!

Wie Sie sehen, macht das Nachrichtenschauen größtenteils traurig. Doch wenn der «Zustand der Welt» Sie nach Ansicht einer besonders deprimierenden Folge der Nachrichten deprimiert, haben Sie womöglich nur die von Ihnen verkraftbare tägliche Menge an Katastrophenberichten überschritten. Zum Glück gibt es ein nachweislich wirksames Mittel gegen den Nachrichten-Blues, nämlich eine schöne lange Folge von *Das Fenster*. Stehen Sie auf, treten Sie an ein Fenster und starren Sie einfach auf die HD-Landschaft tiefer, reichhaltiger und ausladender Normalität, die sich in alle Richtungen erstreckt, so weit das Auge reicht.

Eine Seite wählen

Es gibt auch einen alternativen Weg, um «auf dem Laufenden» zu bleiben, nämlich sich eine bequeme Weltanschauung, Ideologie oder politische Überzeugung auszusuchen – konservativ, liberal, kommunistisch, anarchistisch, krankhaft fremdenfeindlich – und dann sämtliche Informationen nur noch durch diesen besonderen Filter zu empfangen. Was auch immer in der Welt geschieht, es wird sich sicherlich irgendein Dreh finden lassen, der das Ereignis passgenau in Ihre Weltsicht einfügt.

Egal, ob Sie eine eher rechtslastige oder links orientierte Zeitung wählen – immer wenn neue Nachrichten eintreffen, wissen Sie genau, wo Sie diese einordnen können. Sollten Sie die paranoide Vorstellung hegen, die «Mainstream-Medien» würden allesamt DIE WAHRHEIT verschweigen, können Sie sich Ihre Informationen auch ausschließlich von durchgeknallten Außenseiter-Webseiten und Einzelgängern im Internet holen. Die haben oft ein bestimmtes Wutthema, z. B. Migration, Kapitalismus oder die Regierung.

So können Sie Ihre Weltanschauung durch einen einzigen schmalen Flaschenhals aus Vorurteilen kanalisieren, und ganz egal, worum sich das Gespräch dreht – Kunst, Geschichte, Kultur, Politik, Golf, Büroklammern –, die Antwort lautet immer «Scheißausländer!», «Scheißprofite!» oder «Scheißregierung! Die wollen doch, dass du genau das denkst! 11. September! Israel! Fracking! Chemtrails! WACHT AUF, IHR SCHAFE!»

Alle anderen Seiten ausschließen

Es kommt im Leben eines Erwachsenen zu Situationen, in denen Sie sich plötzlich mit einer Meinung oder Weltanschauung konfrontiert sehen, die sich grundlegend von Ihrer unterscheidet oder unerfreulich inkompatibel damit ist. Ehe Sie sich versehen, stecken Sie mitten in einem Meinungs-Showdown. So etwas nennt man *Streit* – wenn Sie den anderen Menschen dabei Idiot nennen – oder *Diskussion* – wenn Sie höflicherweise bloß *denken*, dass der andere ein Idiot ist.

Die sicherste Methode, die Mehrzahl solcher Streits oder Diskussionen zu gewinnen (jedenfalls nach Ihrer eigenen Sicht), ist natürlich, immer mehr Mühe und Anstrengung darauf zu verwenden, «Recht zu haben». Hierzu müssen Sie versuchen, alles über dieses spezielle «Thema» herauszufinden, damit die «Meinung» der anderen Sie nicht bloßstellt und enthüllt, dass Sie peinlicherweise nicht *alles* wissen, wie Sie eigentlich sollten.

Doch Sie werden rasch merken, dass es sehr Vieles gibt, was Sie nicht wissen. Mehr als wahrscheinlich in ein einzelnes Hirn passt. Beim Versuch, jedes Leck in Ihrem Wissensschiff zu stopfen, werden Sie hundert neue Löcher entdecken.

Aber keine Sorge. So wie 90 Prozent aller Autofahrer meinen, sie gehörten zu den 50 Prozent der guten Fahrer, so halten sich auch viel mehr Erwachsene für «gut informiert» als es tatsächlich «gut informierte» Erwachsene gibt.

PROFI-TIPP: WIE MAN WÄHLT

Wie Voltaire und/oder Spiderman schon sagten: «Große Macht bringt große Verantwortung.» Zum Glück müssen Sie sich über dieses Problem weniger Gedanken machen, denn mit großer Wahrscheinlichkeit gehören Sie zu den 99,99 Prozent aller Erwachsenen, die nur über eine sehr kleine, stark begrenzte «Macht» verfügen – Ihre Stimme bei der Wahl. Und so können Sie Ihr winzig-kleines demokratisches Recht ausüben:

Erster Schritt: Keine großen Hoffnungen machen

Natürlich werden Ihnen alle Politiker erzählen, wie unglaublich wichtig es ist, dass Sie wählen gehen. «Also, wenn es so unglaublich wichtig ist», könnten Sie fragen, «wieso lasst ihr mich dann nicht öfter wählen als alle vier, fünf Jahre?» Eigentlich eine gute Frage, und die Antwort darauf lautet normalerweise «Ssschhh».

Ja, trotz aller relativen Vorzüge der Demokratie kommt sie einem immer doch so vor, als würde ein Haufen Menschen zusammenkommen, um gemeinsam einen Kuchen zu backen, bloß dass die Politiker die Eltern sind und die Wähler eher so eine Gruppe aufgeregter 4-Jähriger, die mit bunt bebilderten Schürzen auf Küchenstühlen stehen, Mehl im Gesicht und einen Topf auf dem Kopf. Sicher, Mama oder Papa geben dem Kleinen auch mal einen eigenen Plastiklöffel in die Hand oder lassen ihn die Rosinen in den Teig streuen, aber wenn es tatsächlich an den Ofen geht, reicht man ihm einen bunten Dino-Lolli und setzt ihn vor den Fernseher, wo er vier Jahre lang Zeichentrickserien gucken darf.

Zweiter Schritt: Stimme abgeben

Der große Tag! Endlich! Ihre Chance, den Wind des Wechsels in die Segel der Macht zu blasen! Wen hätten Sie lieber, Politiker A, B oder C? Politiker A hat «Hoffnung!» versprochen, Politiker B «Fortschritt!» und Politiker C «Veränderung!» Meine Güte, das klingt doch alles ganz nett, oder?

Dritter Schritt: Jahrelang beschweren

In einer Demokratie zählt jede Stimme gleich viel. Weil die menschliche Intelligenz aber in Form einer Glockenkurve verteilt ist, bedeutet das leider auch, dass Ihre Stimme – egal, wie gut, richtig und intelligent sie auch sein mag – von einer gleich wichtigen, gegensätzlichen und grauenhaft dummen Stimme entwertet wird.

Es gibt aber auch eine positive Seite: Durch Ihre Stimmabgabe haben Sie das Recht erworben, sich die nächsten vier Jahre über die Regierung zu beschweren, oder jedenfalls so lange, bis Sie wieder zur Mitwirkung aufgefordert werden.

DRITTES KAPITEL
LIEBEN

WIE MAN EINEN PARTNER FINDET

Anderen Menschen seine Persönlichkeit anbieten

Vor langer Zeit, als die Menschen noch in Höhlen lebten, waren sie im Grunde dazu verpflichtet, einen Partner zu finden, um ihren Teil zum Überleben der Art beizutragen. Erfreulicherweise sieht man das heute viel entspannter, und man kann aus allen möglichen Gründen Beziehungen eingehen: aus Geselligkeit, zum Kuscheln oder um in atemloser Spannung permanent Textnachrichten auszutauschen.

Wie dem auch sei – ob Sie dem Fanfarenruf der Natur, dem großen alten Plan folgen oder nur Ihrem weniger bedeutsamen Wunsch danach, abends neben jemandem einzuschlafen –, auf jeden Fall wollen Sie die wachsenden Lasten und Verpflichtungen des Lebens halbieren, indem Sie sich einen Mitspieler suchen.

Wie Sie das anstellen, hängt vor allem davon ab, wie ungeduldig und/oder gierig Sie sind. Wenn Sie Ihre Erwartungen so weit runtergeschraubt haben, dass Sie eigentlich bloß jemanden von ungefähr menschlicher Gestalt suchen, der oder die einen großen Teil seiner oder ihrer Zeit mit Ihnen verbringen kann, ohne Mordgelüste zu entwickeln, dann sind Sie auf der sicheren Seite. Wenn Sie allerdings auf einen Partner warten, der oder die schön, klug, wohlhabend, einfallsreich, witzig, ironisch, liebevoll, gelassen, optimistisch, realistisch, leicht zu erheitern, schwer zu verärgern und schlank ist, dann werden Sie am Ende wohl mit einem Haustier vorlieb nehmen müssen.

Das Senken der Ansprüche ist also der schnellste Weg zum Erfolg. Hier folgen aber auch noch ein paar andere Methoden, schneller die Liebe zu finden.

Verlassen Sie Ihre Komfortzone

Die ganze Welt ist komplett mit fremden Menschen bevölkert – je weiter Sie weggehen, desto mehr davon werden Sie treffen –, es gibt also keinen vernünftigen Grund, sich mit Freunden, Freunden von Freunden, Klassenkameraden, Nachbarn oder Kollegen zu verabreden. Das ist unkreativ und macht nur Probleme. Wenn ein fremder Mensch Sie zurückweist, verschwindet dieser Fremde einfach wieder in dem Pool von Menschen, die keine Rolle in Ihrem Leben spielen. Wenn Sie jedoch ein Kollege abblitzen lässt, wird Ihr Leben augenblicklich sehr viel schrecklicher, nicht wahr? Jetzt müssen Sie neben diesem schmerzlichen Souvenir Ihrer Abfuhr arbeiten, das auch noch dafür bezahlt wird, auf Ihren Gefühlen herumzutrampeln, und Sie sind per Arbeitsvertrag verpflichtet, es zuzulassen.

Rendezvous mit Fremden sind hingegen eher wie eine alberne Sitcom, wo am Ende jeder Folge ein dicker, fetter «Zurücksetzen»-Knopf gedrückt wird. Sie können so tapsig sein, wie Sie wollen, und endlos von einer Übungseinheit zur nächsten stolpern, vollkommen immun gegenüber Komplikationen und Konsequenzen. Noch besser: Mit der richtigen Einstellung können Sie einfach einen Fremden verlassen und sofort beim nächsten landen. Fremde sind immer verfügbar, überall, jederzeit, in Bars und auf Partys, bei Autounfällen und im Inkasso-Außendienst. Lassen Sie keine Zufallsbegegnung mehr ungenutzt. Sobald eine fremde Person in Reichweite Ihrer Charmekanone kommt – *Feuer frei!*

Vermeiden Sie Blind Dates

Vielleicht glauben Sie, *Blind Dates* seien die Ausnahme von dieser Regel, denn dabei schieben Sie die Mühe, jemanden *um ein*

Rendezvous zu bitten, mutigeren Mitmenschen zu, nämlich Ihren Freunden und Verwandten. Das Risiko bei diesem Roulettspiel ist natürlich, dass Ihre Freunde und Verwandten Sie womöglich gar nicht mit jemandem zusammenbringen, weil sie glauben, dass Sie beide gut zusammenpassen, sondern weil ihr eigentlich sehr netter, aber auch ziemlich schräger Freund total verzweifelt und hoffnungslos ist und Sie gerade verfügbar sind. (Sie könnten dieses Risiko allerdings minimieren, indem Sie immer der verzweifeltere Part sind.)

Was Ihre Eltern betrifft: Die mögen vielleicht wohlmeinend scheinen, aber ihre Empfehlungen werden wahrscheinlich bloß der Nachwuchs irgendwelcher Nachbarn sein, oder irgend so ein Zahnarzttyp, den sie mal auf einem Schiff kennengelernt haben und der sie mit seinen guten Manieren, guten Zähnen und guten beruflichen Aussichten beeindruckt hat. Trauen Sie ihnen nicht – wahrscheinlich wollen sie Ihnen doch bloß Enkelkinder anhängen, die frechen Mütter.

Fremd und fremder

Sich mit Fremden zu verabreden, bietet noch einen zweiten großen Vorzug: Je weiter Sie gehen, um Fremde zu treffen, desto fremder und interessanter werden ganz unverhofft auch Sie selbst. Hier sind Sie bloß Frank. Sie stehen auf Kampfsport. Ihr Onkel heißt Martin. Ihr wisst doch, Martin, der so humpelt. Aber *da draußen* sind Sie nicht mehr bloß ein gewöhnlicher Belgier oder Deutscher oder Engländer, einer von sehr, sehr vielen. Nein, dort sind Sie «exotisch», so wie eine Mango.

Sich mit Menschen zu verabreden oder sogar begehrenswert zu wirken wird leichter, wenn man den *Ausländerbonus* einsetzt. Auf einmal können Sie Ihre langweiligen Familienerinnerungen als spannende Einblicke in eine fremde Kultur verkaufen.

Ihre schlichten Kneipengeschichten werden bezaubernde Legenden von fernen Gestaden. Jedes noch so alltägliche Detail Ihres gewöhnlichen Lebens könnte aufregend für jemanden sein, der noch nie davon gehört hat, und vielleicht erzählen Sie bald begeistert die Geschichte der Ovomaltine, als wäre es *Der Herr der Ringe*.

Internet-Fremde

Partnersuche ist ein bisschen wie Angeln. Manche Menschen werfen gern einen einigermaßen attraktiven Köder aus und sitzen dann zufrieden am Seeufer, warten geduldig, ob etwas anbeißt, genießen den ganzen Vorgang ohne Eile und Hast, ganz egal, wann und was dabei herauskommt. Andere Menschen hingegen lenken ein riesiges, dröhnendes Schiff in die Mitte des Meeres hinaus, werfen planlos in alle Richtungen große Netze aus, lassen das Nebelhorn laut tuten und schleppen dann den zuckenden, flossenschlagenden halben Meeresinhalt mit nach Hause.

Wenn Sie sich eher der zweiten Gruppe zuordnen würden: Haben Sie schon mal daran gedacht, sich bei einer Online-Partnervermittlung anzumelden? In unserer voll vernetzten Welt sind solche Partnerbörsen natürlich der leichteste Weg, einen guten Fremden oder eine gute Fremde zu finden, denn durch das Dating-Portal verwandelt sich der passive Modus «Warten und Hoffen» in das aktivere Gegenstück «Browsen und Beurteilen». Und es stimmt ja auch: Anstatt sich die Entscheidung von puren Zufällen abnehmen zu lassen, nimmt man mit der Anmeldung bei einer Partnerbörse sein Schicksal gewissermaßen selbst in die Hand – man kann sich durch eine Million Profile potenzieller Partner klicken und dann 99 Prozent davon anhand eines 40-Pixel-Selfies in den Orkus schicken.

Sich durch die Betten schlafen

Sie können es sich natürlich auch ganz einfach machen, eine Beziehung einzugehen. Sie müssen bloß mit jemandem schlafen und dann nicht mehr damit aufhören, bis die Dinge kompliziert werden.

Was andere Leute anscheinend die ganze Zeit treiben – *nach der/dem Richtigen suchen* –, ist total kompliziert und einschüchternd. Darum sollten Sie da auf keinen Fall mitmachen. Stattdessen sollten Sie Ihre Ansprüche auf ein Mindestmaß reduzieren und dann so viele One-Night-Stands wie nur irgend möglich haben, mit allen Menschen, die sich irgendwie dazu überreden lassen, bei jeder sich bietenden Gelegenheit.

Ob Sie es glauben oder nicht, aus einem dieser One-Night-Stands könnte ganz zufällig ein «Two-Nights-Stand» werden, weil Sie ins Plaudern gekommen und zum Frühstück geblieben sind, dann die Zeit aus dem Blick verloren haben, bis es schon wieder Bettzeit war. Wenn das ohne Proteste bis zur vierhundertzweiundsiebzigsten gemeinsamen Nacht weitergeht – vielleicht weil Sie einfach dageblieben sind, so lange, bis Ihre Schwiegermutter Hilfe beim Anstreichen ihres Schuppens brauchte –, dann sind Sie womöglich ganz zufällig in eine Beziehung reingerutscht. Herzlichen Glückwunsch. War doch gar nicht so schwer, oder?

Diese Taktik hat zahlreiche Vorzüge gegenüber der traditionellen, eher langwierigen Methode, die aus zahlreichen *Verabredungen, Restaurantbesuchen* und *endlosen Fragen* besteht; der offensichtlichste ist der viele Sex.

Versuchen Sie es mit einer Verabredung

Wenn Sie merken, dass Sie immer öfter und immer wieder mit demselben flüchtigen Abenteuer schlafen, könnten Sie eventuell das Experiment wagen, sich einmal richtig mit der betreffenden Person zu verabreden. Dabei nimmt man die Person mit zu einer Aktivität, zu der man auch allein Lust hätte, und überprüft, ob sie einem nicht allzu sehr den Spaß daran verdirbt.

Vergessen Sie dabei nicht: Sie sollten so ein Rendezvous nicht angehen wie ein Vorstellungsgespräch, einen Kreditantrag oder die Gespräche beim Klassentreffen. Hier geht es nicht darum, sich von der allerbesten Seite zu zeigen, denn dadurch würden Sie bloß eine perfekte und vermutlich wenig plausible Fassade errichten, die Sie dann in Zukunft unter größten Anstrengungen aufrechterhalten müssen. Nein, wenn es Ihnen ernst damit ist, einen Partner zu finden, der auch langfristig bereit ist, Ihre eher lächerlichen Seiten zu akzeptieren, sollten Sie die witzigen Anekdoten und das drollige Gerede von «Lebenszielen» weglassen und direkt mit der langen Liste Ihrer Fehler, Neurosen und Süchte einsteigen, um damit gleich das Problem aus der Welt zu schaffen, später herausfinden zu müssen, was man aneinander nicht ausstehen kann.

Aus diesem Grund sollten Sie auch in Betracht ziehen, sich tagsüber in einem Café zu verabreden. Normale Abendverabredungen rücken die besten zehn Prozent Ihrer Persönlichkeit in den Vordergrund (wegen der berauschenden Getränke und der sowieso schon unterhaltsamen Beschäftigung), doch das Café-Date ist eine schnörkellose Präsentation der restlichen neunzig Prozent. Außerdem zeugt es von einer gewissen Reife und Selbstsicherheit, jemanden um ein Treffen am helllichten Tag zu bitten, weshalb Rendezvous-Profis, Abstinenzler und rundum hervorragende Menschen diese Variante bevorzugen. Und es gibt noch ein Zusatzplus: Sie können die Verabredung in Ihren Tagesablauf einbauen, so wie den Gang zu Ihrer Bank oder das Nickerchen in der Toilettenkabine.

PROFI-TIPP: WIE MAN SICH VERABREDET

Wenn Sie sich verabreden wollen, ist es üblich, jemanden zu bitten, Sie zu begleiten, ansonsten werden Sie voraussichtlich allein in einem Restaurant sitzen und das Aquarium anstarren, während zunehmend besorgte Kellner Sie fragen, ob Sie etwas zu lesen haben oder in den Arm genommen werden wollen.

Erster Schritt: Selbstvertrauen reduzieren

Im Gegensatz zur allgemeinen Annahme ist es entscheidend, nicht allzu selbstbewusst aufzutreten, wenn man sich mit einem fremden Menschen verabreden will. Vergessen Sie nicht, dieser andere Mensch weiß noch nichts über Sie. Wenn Sie etwas ganz Normales, Mutiges, Abgeklärtes und Cooles sagen, z.B. «Wie wär's, wenn Du und ich und ein paar Cocktails am Freitagabend zusammen abhängen?», dann klingen Sie viel zu locker, als würden Sie ständig Fremde so ansprechen. So geben Sie der potenziellen Verabredung nicht das Gefühl, etwas Besonderes zu sein. Viel  besser ist es, zu stottern, zu murmeln, zu quieken, zu flüstern, und etwas komplett Katastrophales rauszuquetschen wie «HAaLloO dUu IiIch zuUsaMmEnn AUusgeEHen BiiIiTte?» Ein so dermaßen gescheiterter Versuch, einen zusammenhängenden Satz herauszubringen, zeigt der angesprochenen Person nicht nur, wie viel Mut Sie dafür zusammenkratzen mussten, sondern zugleich auch, wie viel es Ihnen bedeuten würde, wenn sie einfach nur «ähm, okay» sagt.

Zweiter Schritt: Wenn möglich, Fluchtweg einbauen

Wenn Sie irgendjemanden anzusprechen überlegen, den oder die Sie womöglich wiedersehen werden, denken Sie daran, dass Sie mit

Ihrer Frage eine Linie überschreiten, hinter die Sie gewissermaßen nicht wieder zurück können. Wenn Sie die Worte ausgesprochen haben, ist es für immer Realität, dass Sie zu diesem Menschen im Grunde einmal gesagt haben: «Ich möchte, dass wir zusammen nackt sind.» Wenn die Antwort darauf Nein lautet, kann es schwierig werden, ganz cool wieder ins normale, platonische, bekleidete Miteinander einzuscheren. Sollten Sie in dieser Hinsicht Befürchtungen hegen, versuchen Sie, sich einen Fluchtweg zurechtzulegen, sodass Sie später so tun können, als hätte man Ihre Absichten völlig falsch interpretiert und Sie hätten überhaupt keinen Korb bekommen. Irgendwas Schlichtes und Stilvolles wie: «Ach, schade, meine Freundin hätte dich so gern kennengelernt. Sie ist Model. OkAy. BiIS MOrgEEn dAnN. MaCHHhS guUt, mEinE LIiEbEe.»

Dritter Schritt: Eleganter Abgang

Ganz egal, ob die Antwort «Ja bitte» oder «Nein danke» lautet, ganz wichtig ist, dass Sie mit größtmöglicher Würde aus der Situation herauskommen. Sie haben gerade eine Bombe abgeworfen, und jetzt wird es Zeit, den Explosionsradius zu verlassen. Sie sollten auf dem Absatz kehrtmachen, sich ein Handy ans Ohr halten und etwas unangestrengt Rätselhaftes oder Dramatisches sagen, zum Beispiel:

«Fasst nichts an ... schickt den Heli los, ich bin unterwegs!»

Wenn Sie allerdings beim Umdrehen sofort gegen einen Stuhl knallen, über einen Hund stolpern und dann eine ältere Dame in eine übergroße Scherzpastete schubsen, dürfte das den weltläufigen Eindruck, den Sie mit Ihrem Abgang hinterlassen wollten, geringfügig schmälern.

WIE MAN NICHT FREMDGEHT

Risiko vermeiden heißt Begegnungen vermeiden

Nachdem Sie nun alles getan haben, um ein selbstbewusster, begehrenswerter, erfolgreicher Flirtkünstler zu werden – Charme trainieren, Ansprüche senken, keine Chance ungenutzt lassen –, müssen Sie leider feststellen, dass genau die *gegenteiligen* Einstellungen nötig sind, um einen Partner zu *behalten* und sich nicht blindlings ins falsche Bett zu flirten. Sie haben sich womöglich zu einer echten Supermacht entwickelt, aber jetzt ist der Kalte Krieg vorbei, und Sie sollten Ihr riesiges Arsenal zerstörerischer Waffen vernünftigerweise auf niemanden mehr richten, wenn Sie nicht alle Beteiligten in eine Katastrophe stürzen wollen. Charme-Deeskalation ist jetzt angezeigt. Eine Entspannungspolitik der Herzen. Ein Atomwaffensperrvertrag der Lenden.

Wenn Sie keine dieser «offenen, nicht-monogamen Beziehungen» ausgehandelt haben, von denen man immer in Zeitschriften liest, ist die größte Bedrohung für Ihr zweisames «glücklich und zufrieden bis ans Lebensende» wahrscheinlich eine impulsive, unbedachte, unter Alkoholeinfluss stattfindende und sofort bereute Begegnung mit einem Vertreter des anderen Geschlechts, und zwar nicht mit dem, dessen Foto Sie in der Brieftasche tragen. (Es ist übrigens sehr ratsam, ein Foto Ihres Partners bei sich zu haben, für genau solche Gelegenheiten, wenn Sie angetrunken und verwirrt sind.)

Selbst wenn Sie in Abwesenheit Ihres Partners hauptsächlich darüber fantasieren, den ganzen Tag in Unterwäsche herumzulaufen, die Couch nur zu verlassen, um ins Bad oder ins Bett zu gehen, Essen vom Lieferservice zu bestellen und die gesamte *Star-Wars*-Saga in einem Rutsch anzuschauen: Zu sicher darf man sich nie fühlen. Die Statistiken legen nahe, dass die ganze Welt eine einzige Verschwörung unwiderstehlicher Versuchungen ist, nur dazu gedacht, unschuldige Menschen wie Sie auf dem falschen Fuß zu erwischen. Ignorieren Sie diesen Befund nicht leichtfertig. Haben Sie immer ein wachsames Auge auf Ihren schwachen Willen und Ihre hinterlistigen Lenden. Trauen Sie niemandem – vor allem nicht sich selbst!

Taktik Nummer eins: Aus dem Weg gehen

Es ist ein grundlegendes biologisches Problem, dass die Wahl eines Partners nicht wie von Zauberhand die sexuelle Attraktivität aller anderen Menschen auslöscht. Da der Planet immer ungefähr zur Hälfte mit Menschen des anderen Geschlechts bevölkert ist, sollten Sie der Versuchung am besten ins Gesicht schauen und dann eine reife, verantwortungsbewusste und würdevolle Strategie entwickeln, ihr zu trotzen ... indem Sie allen anderen Männern und/oder Frauen ganz und gar aus dem Weg gehen.

Wenn Sie das für undurchführbar halten oder einfach noch nicht bereit sind, ein Eremitendasein zu führen, bei dem Sie alle Geschlechtsgenossinnen Ihrer Partnerin argwöhnisch als *«die Anderen»* bezeichnet, könnten Sie stattdessen hauptsächlich Zeit mit anderen Paaren verbringen.

So kann die Wettkampfenergie, die sich zwischen Ihnen und Ihrer Partnerin aufgestaut hat und die sich sonst nach innen entladen würde – vielleicht bei einem aufregenden dreistündigen Streit über Handtücher –, nach außen geleitet und zur Stärkung Ihrer Beziehung verwendet werden, indem Sie sich für einen Wettstreit mit anderen Paaren miteinander verbünden. Man kann auf vielen Ebenen mit anderen Paaren konkurrieren, zum Beispiel indem man seine größere Solidarität und

Vertrautheit zur Schau stellt oder die besseren Paar-Anekdoten erzählt, aber auch in direkter, zahlenorientierter Weise – mit Flugmeilen, Gehältern oder dem IQ der Kinder.

Wenn Sie Ihre Freizeit nicht ausschließlich mit anderen Paaren verbringen können, wird Ihr Leben in Treue immer von einer latenten Gefahr durchsetzt sein. Entscheidend ist, nicht in die Falle der Versuchung oder der Lust zu tappen, weshalb Sie in folgenden Situationen *den Anderen* besonders gründlich ausweichen sollten.

1. Ihr normalerweise exzellentes Urteilsvermögen ist durch Alkohol, einen frischen Streit mit dem Partner oder eine übertriebene Anzahl von Komplimenten getrübt.

2. Sie sind im Urlaub, fühlen sich außerordentlich anonym und weit weg und werden von jemandem angebaggert, der behauptet, weder ein Telefon noch einen Computer noch ein Gedächtnis zu besitzen.

3. Sie haben mit *den Anderen* noch eine Rechnung offen, will sagen: *Ach, sieh an, da ist ja das Mädchen/der Junge, für das/den du in der Schule so unglaublich geschwärmt hast und das/der sich während deiner «Hässliches-Entlein-Phase» kein Stück für dich interessiert hat, jetzt aber gerade entdeckt hat, was für ein Schwan du geworden bist.*

4. Sie sind zu höflich. Wenn Sie nicht in der Lage sind, die Gefühle eines anderen Menschen zu verletzen, können sich Situationen, in denen Sie bei der Abwehr schmeichlerischer Flirtattacken feige versagen, in eine gefährliche Richtung entwickeln. Aber keine Angst: Spielen Sie einfach mit, gehen Sie mit der betreffenden Person nach Hause, doch bevor irgendwas Ernsthaftes passiert, schlüpfen Sie rasch ins Bad, um sich «frisch zu machen». Dort klettern Sie dann aus dem Fenster und rennen um Ihr Leben. Erledigt.

Taktik Nummer zwei: Abwehren

Wenn Sie plötzlich und unerwartet einem attraktiven Vertreter *der Anderen* gegenüberstehen, sollten Sie sicherheitshalber immer annehmen, dass er oder sie letztlich nur daran interessiert ist, mit Ihnen zu schlafen – egal wie wenige Hinweise es für diese selbstverliebte Wahnvorstellung gibt. Unabhängig davon, wie realistisch oder unrealistisch die Gefährdung Ihrer Beziehung in diesem Moment tatsächlich ist, sollten Sie jedes aufkeimende Interesse sofort abwehren, indem Sie den Namen Ihres Partners sehr auffällig, fast schon unverschämt aufdringlich ins Spiel bringen. Das stellt gleich klar, dass für alle im Folgenden ausgetauschten Nettigkeiten und jeden anzüglichen Blickkontakt ausschließlich die andere Person verantwortlich ist, und dass diese Person zwar nett ist, aber auch ein teuflischer Lustdämon, der Sie hinterhältig in sein trügerisches Schmeichelnetz locken will. Hier eine Demonstration:

Das Andere: «Hallo. Ich heiße Laura.»

Sie: «Ach, das ist ja witzig! Meine *Freundin* heißt übrigens nicht Laura. Ich bin Paul, meine Freundin heißt Anna. Schön, Sie kennenzulernen.»

Das Andere: «Oh. Äh, okay. Auch schön, Sie ...»

Sie: «Hören Sie, Laura, Sie sind sehr attraktiv, das kann jeder sehen, aber ich kann nicht mit Ihnen ins Bett gehen. Tut mir leid. Wir *können* keinen Sex haben. Nein, wir *sollten* keinen haben. Ich liebe meine Freundin Laura. NEIN! *SIE* SIND LAURA! ICH WERDE ALSO DEFINITIV NICHT MIT IHNEN SCHLAFEN!»

Das war's. Hart, aber fair.

Taktik Nummer drei: Abstoßen

Wenn Sie der Typ sind, der ständig in Gefahr gerät – vielleicht sind Sie reich, selbstsicher und *zu* attraktiv, oder Sie strahlen etwas so hilflos Süßes aus, dass jeder Mensch Sie mit nach Hause nehmen und bemuttern will –, dann müssen Sie vielleicht ein paar Abwehrstrategien in Ihren Lebenswandel einbauen, um schon im Voraus die Wellen von Interessenten abzuweisen, die ansonsten ständig gegen Ihre heißbegehrte Küste branden würden.

Treu zu bleiben wird zum Glück viel einfacher, wenn Sie erst-mal verstanden haben, dass die Herausforderung *nicht* darin besteht, dass Sie sich nicht mehr zu anderen Menschen hinge-zogen fühlen – das lässt sich nicht ändern, Sie sind einfach ein geiles kleines Äffchen –, sondern darin, zu verhindern, dass an-dere Menschen diese Gefühle erwidern. Von diesen beiden Fak-toren unterliegt nämlich nur einer Ihrer unmittelbaren Kont-rolle: Sie besitzen die fast grenzenlose Fähigkeit, sich selbst weniger attraktiv zu machen. Anwidern ist die beste Verteidi-gung.

Es ist unglaublich leicht, die eigene Begehrtheit zu untergra-ben. Darum ist es eigentlich ein Wunder, dass so viele Men-schen ihre tollen Beziehungen wegen einer leichtfertig einge-gangenen Affäre aufs Spiel setzen, wo sie sich doch so leicht alle Probleme hätten ersparen können, wenn sie einfach eine Hüfttasche getragen oder ein bisschen nach faulen Eiern gero-chen hätten. Also wirklich, wenn Sie unbedingt jederzeit adrett aussehen und normal riechen müssen, dann sind Sie selbst schuld.

Außerdem muss man sein abschreckendes Äußeres noch nicht einmal im Voraus planen. Wenn Sie zufällig einigerma-ßen anständig aussehen und plötzlich einer Versuchung be-gegnen, dann rennen Sie einfach auf die Toilette, stecken Sie sich das Hemd in die Unterwäsche, ziehen die Hose hoch bis zur Brust, machen sich die Haare nass und kleben sie ins Ge-sicht. Sie werden rasch feststellen, dass sich jedes Interesse Ih-nen gegenüber augenblicklich in Luft auflöst und Ihre Bezie-hung wieder in Sicherheit ist. *Puuh!*

PROFI-TIPP: WIE MAN EIN BEZIEHUNGSDATE HAT

Fremdgehen ist natürlich weniger wahrscheinlich in einer Beziehung, die Sie aktiv «frisch zu halten» versuchen. Wenn Sie und Ihr Partner der verführerischen Anziehungskraft der heimischen Couch entgehen wollen, auf der Sie sich – allabendlich, gelangweilt, aneinander gewöhnt – still dem Rentenalter entgegenfurzen, könnten Sie das Konzept des «Beziehungsdates» einführen.

Erster Schritt: Ins Kino

Ins Kino zu gehen ist die einfachste Lösung für ein Beziehungsdate, denn man muss dabei die meiste Zeit bloß im Dunkeln sitzen und nicht reden. Das nimmt einigen Druck weg, denn das «Frischhalten» wird zugunsten von wortlosem Starren aufgeschoben.

Bei cineastischen Dates sollte man romantischen Komödien aus dem Weg gehen, denn obwohl die auf den ersten Blick thematisch gut zu dem passen, was Sie sich vorgenommen haben, wecken sie in Wirklichkeit doch nur unrealistische Erwartungen für den Rest des Abends. Machen Sie sich stattdessen lieber klar, dass Menschen in Angstzuständen und durch traumatische Erlebnisse zueinander finden und sich im gemeinsamen Opferstatus aneinander binden können – weshalb vielleicht ein Horrorfilm vorzuziehen wäre. Das optimale Gruselniveau ist erreicht, wenn Sie nach einer erschreckenden Szene plötzlich merken, dass Ihr Partner Ihre Hand umklammert. Wenn Ihr Partner jedoch Ihre Fußgelenke umklammert, könnte der Film ein bisschen zu gruselig sein.

Zweiter Schritt: Ins Restaurant

Als Nächstes könnten Sie in ein Restaurant gehen, um sich über den Film zu unterhalten, Ihre Eindrücke und persönlichen Ansichten darüber auszutauschen. Zu Beginn des Besuchs wird ein Kellner Sie

womöglich fragen, welchen Wein Sie zum Essen bestellen wollen, womit ein in die Länge gezogenes Possenspiel beginnt, in dem verschiedene Kellner Sie mit Weinfragen belästigen, obwohl sie alle ganz genau merken, wie wenig Sie von Wein verstehen. Nachdem Sie den dritten oder vierten Wein auf der Karte gewählt haben, vor allem um nicht unter öffentlicher Beobachtung den allerbilligsten zu nehmen, wird ein Kellner sich sofort begeistert in den zweiten Akt des «Weinkenner-Theaters» stürzen: Er wird Ihnen einen winzigen Schluck ins Glas gießen, sich dann steif neben Sie stellen, die Flasche hochhalten und auf Ihr ahnungsloses Urteil warten. Schwenken Sie den Wein einfach im Glas herum, stecken Sie die Nase hinein, tippen Sie drei Mal gegen den Stiel und sagen Sie so etwas wie «Mhmm, ja. Ein Roter, glaube ich. Nehmen wir.» Sie machen diese Spielchen nicht mit.

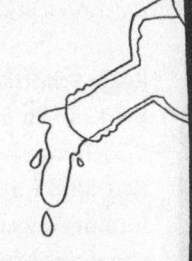

Dritter Schritt: Die Bar

Wenn Sie satt, ein bisschen angeheitert, aber noch nicht bereit sind, sich wieder dem Sofa anzuvertrauen, können Sie noch eine Bar ansteuern, um die Sache weiter «frisch zu halten» bis in die gar nicht mehr so frischen Morgenstunden. Alkohol hat einen tollen Ruf als gesellschaftliches Schmiermittel, was die Bar natürlich zur idealen Arena für das Ende des Date-Abends macht, denn jeder neue Drink gießt ein wenig mehr Öl in den Motor, was die Chancen erhöht, den Wagen am Ende auch in die Garage zu bekommen, wenn Sie verstehen, was ich meine ... Leider sind Bars auch voll mit jungen, gut gelaunten, ungebundenen Menschen, die sich amüsieren. Im Kontext Ihres Beziehungsdates macht Ihnen das womöglich klar, dass diese Art von Spaß für Sie endgültig vorbei ist. Tut mir leid.

WIE MAN ZUSAMMENLEBT

Der Schritt zum vertraglich gebundenen Vollzeitpaar

Mit jemandem zusammenzuleben bringt viele neue und wunderbare Vorteile mit sich. Sie zahlen nur noch die Hälfte der Miete. Sie besitzen doppelt so viele Handtücher. Sie können sich unterhalten oder sich streiten, wann immer Sie wollen. Und Sie können sich Dinge aus einem anderen Zimmer bringen lassen, ohne sich selbst bewegen zu müssen, was im Grunde Zauberei ist.

Wenn Sie mit jemandem zusammenleben, hat das jedoch auch eine unheimliche Nebenwirkung, nämlich dass Sie sich beängstigend erwachsen fühlen, denn dann sind Sie so etwas Ähnliches wie verheiratet, zumindest sind Sie durch einen Vertrag – auch wenn es nur ein Mietvertrag ist – aneinander gefesselt. Außerdem verbringen Sie unerhört viel Zeit miteinander und haben nahezu unbegrenzten Zugang zu den

privatesten Seltsamkeiten des anderen. Dazu kommt noch diese nagende, bohrende Sorge, dass Sie ungewollt in eine Art bequemes, gewöhnliches Leben hineinrutschen, dass das *Zusammenleben* der symbolische Sargnagel in Ihrem bisherigen Dasein als freigeistiger, unabhängiger Bilderstürmer ist, der immer hart am Limit lebt, sein eigenes Spiel spielt, sich nach niemandes Regeln richtet.

Darum müssen Sie Neuheit und Chaos, Überraschung und Unreife in Ihre neue Wohnsituation einbauen. Lernen Sie von Kindern: Die langweilen sich nie, weil für sie alles neu ist. Etwas so Simples wie eine Pfütze nach einem Regenschauer macht ihnen Freude. Die Lösung besteht also darin, beim Zusammenwohnen alles zu vermeiden, was nach Routine aussieht, nach Ordnung, Erwachsensein und Putzplan. Seien Sie stattdessen absichtlich kindisch. *Teilen* Sie nicht das *Bett*, machen Sie eine *Schlummerparty*! Niemand hat *die Autoschlüssel* verloren, Sie spielen Sachen-Verstecken! Ihre Partnerin ist *eigentlich* gar nicht sauer, dass Sie SCHON WIEDER alle schmutzigen Sachen und nassen Handtücher auf den Schlafzimmerboden geworfen haben; nein, sie spielt bloß, dass die Sachen auf dem Fußboden Lava sind, und sie nicht weiß, wie sie aus dem Bett entkommen soll! Sehen Sie? Das wird ein Spaß ohne Ende! Schauen wir uns mal ein Zimmer nach dem anderen an ...

~~Das Schlafzimmer~~ *Die Übernachtungs-Kissenburg*

Wenn Sie beschließen, mit jemandem zusammenzuleben, haben Sie wahrscheinlich schon gute Erfahrungen damit gemacht, sich mit demjenigen das Bett zu teilen. *Ju-huu*. Es bereitet allerdings deutlich mehr Vergnügen, «gelegentlich mit jemandem ins Bett zu gehen» als «jeden Tag neben jemandem aufzuwachen». Die Unterschiede liegen vor allem in Glamour,

Geruch, Gefühl und Neuigkeitswert. Darum ist es wichtig, die Sache im Schlafzimmer «frisch zu halten».

Dass die Dinge im Schlafzimmer alltäglich und abgestanden werden, können Sie am leichtesten verhindern, indem Sie das Bett nicht bloß zum Schlafen und Kuscheln benutzen, sondern für überhaupt jede Tätigkeit, die sich irgendwie im Liegen erledigen lässt, vom Essenzubereiten bis zum Posauneüben. Ihr Bett sollte nicht bloß eine weiche, funktionale *Oberfläche* sein, sondern ein magischer Ort – ein Elsternnest der Freude, wo unmöglich Langeweile aufkommen kann – voller Krümel, alter Zeitungen, Kissen, Landkarten, Musikinstrumente, Buntstifte und so vielen elektronischen Unterhaltungsgeräten, dass ein Eingeborener aus dem Amazonasdschungel Sie für einen Zeitreisenden aus der Zukunft halten muss.

Es ist auch nicht zu verachten, wie viel Spaß man mit seinem Partner haben kann, indem man ihn mit Glitter bestäubt, ihm Geschlechtsteile auf die Haut malt oder ausprobiert, wie hoch man Gegenstände auf seinem Gesicht stapeln kann. Diese Spielchen sollten Sie jedoch aufs Wochenende beschränken. Denn damit Sie genügend Schlaf bekommen, muss der Bettspaß unter der Woche der unangenehmen Realität weichen, dass zwei Menschen gemeinsam auf einem Schaumstoffquadrat – kaum größer als diese beiden Menschen – liegen müssen, ohne dabei zu zucken oder sich gegenseitig das Knie in den Bauch zu rammen, und das die ganze Nacht, acht überlebenswichtige Stunden lang bis der hinterhältige Wecker Sie wieder zur Arbeit jagt, egal, wie viel Sie geschlafen haben.

Wenn Sie für Ihren Job tatsächlich *unbedingt* ausgeschlafen sein müssen, sollten Sie, je nachdem welches Schlafverhalten Ihr Partner aufweist, darüber nachdenken, die Übernachtungsparty auf zwei verschiedene Zimmer aufzuteilen, um Groll und Unmut zu vermeiden. Überprüfen Sie anhand dieser Tabelle Ihre Schlafkompatibilität:

Schlafverhalten	Kompatibel mit:	Inkompatibel mit:
Schnarchen	Tiefschläfern, Menschen, die sich von rhythmischem Brandungsrauschen einlullen lassen	Leichtschläfern, Menschen, deren Träume auf tatsächlichen Geräuschen basieren und die daher nur noch langweilige Schnarchträume haben
Zucken	korrespondierenden «Zuckern», Gefühllosen	Kuschelschläfern, heftig kitzeligen Menschen
Ausladende Schlafhaltung wie «Seestern» oder «Kruzifix»	Schläfern in Embryohaltung, Kuschelschläfern, Kleinen und/oder Kompakten	Menschen, die Anspruch auf einen bestimmten Prozentsatz des Bettes erheben, weil «ihr Großvater im Krieg war» o. ä.
Bettdecken-Klammern	exhibitionistischen Nacktschläfern, Pyjamaträgern, Warmblütern	Bettdecken-klammerern
Schlafboxen	Masochisten, Menschen, die sich gern überraschen lassen	Sensibelchen, Nachtragenden
Lebhafte Träume	Menschen, die morgens gern über Träume sprechen, weil Sie die für wichtige Türen zum Unbewussten und zur Selbsterkenntnis halten	Menschen, die sich nie an ihre Träume erinnern, und darum keinerlei Geduld mit dem kaum redigierten Morgengefasel anderer Menschen haben

Beim Badezimmer – ein wichtiger Mehrzweckraum, der oft zu ganz bestimmten Zeiten, teilweise aber auch völlig zufällig und womöglich gar zu dringenden bzw. drängenden Aktivitäten benötigt wird – geht es weniger ums *Teilen* als ums *Einteilen*. Spitzenzeiten sind natürlich morgens und abends – die Rushhours der Körperpflege –, zu diesen Zeiten wird es am ehesten zu Planungskollisionen zwischen Ihnen und Ihrem Partner kommen.

Vor allem der Spiegel ist ein Nadelöhr, denn der ist ein elementarer Bestandteil wichtiger Verrichtungen wie Schminken, Haarbändigen, Rasieren, Pickel ausdrücken, stilistisches Bewerten von Kopfbedeckungen und größtenteils überflüssiges Beobachten der Zahnpflege. Um den Gesichtsverkehr in dieser Region zu erleichtern, sollten Sie und Ihr Spiegelpartner...

☞ den Spiegel abwechselnd benutzen.

☞ abwechselnd Wert auf Ihr Äußeres legen.

☞ unterschiedlich groß sein. (Wenn Sie das beim Kennenlernen noch nicht bedacht haben, muss einer von Ihnen sich auf die Toilette stellen.)

☞ sich darin üben, hinter dem Partner stehend mit einem Teil des Spiegels auszukommen. Stellen Sie sich auf die Zehenspitzen, bewegen Sie sich reaktionsschnell, spähen Sie durch jede verfügbare Lücke und lernen Sie, mit der partiellen Sicht auf Ihren Oberkörper klarzukommen.

☞ zwei Spiegel aufhängen. (Aber hängen Sie die beiden nicht so gegenüber, dass Sie das Spiegelbild des Spiegelbilds des Spiegels spiegeln – sonst wird jedes einfache Händewaschen zu einem langen, seltsamen und spirituell beunruhigenden Ereignis, weil Sie im bodenlosen Feedback-Tunnel des unendlichen Spiegelversums gefangen sind.)

~~Die Küche~~ *Das gefährliche Zimmer mit Keksen drin*

Eine Küche teilen Sie am besten in der Vorstellung, *Cowboys und amerikanische Ureinwohner* miteinander zu spielen (man kann Ihnen doch nicht den Kontinent klauen und Sie dann auch noch «Indianer» nennen, Dummkopf), nur dass Sie wie nette, freundliche, diplomatische Kinder spielen, weil Sie einander lieben.

Die friedliche Küchenkoexistenz beruht hauptsächlich auf der ordnungsgemäßen Erledigung des Abwaschs und der Erhaltung des prekären diplomatischen Gleichgewichts in Spülfragen. Sie kreist somit ständig um die Frage, wer den Abwasch zuletzt gemacht hat und wer ihn als Nächstes machen wird. Werden alle Vorgaben und Bedingungen des Spülvertrages eingehalten, ist der Frieden gesichert. Doch wenn diese fragile Balance bedroht ist, kann jeden Augenblick der totale Krieg ausbrechen, unter dem geringsten Vorwand und wegen des kleinsten Teelöffels. Folgende Verstöße brechen mit Sicherheit jedes Waffenstillstandsabkommen zwischen den Parteien:

- ☞ Einen großen, nicht abgewaschenen Gegenstand in der Spüle liegen lassen, sodass die weitere Verwendung derselben vollkommen unmöglich wird.

- ☞ Einschränkung: Wenn eine Partei behauptet, den Gegenstand «nur einweichen zu lassen», gilt das als legitime Entlastung – sie führt jedoch nur zu *vorübergehender* diplomatischer Immunität. Die Duldung des Zustandes kann aufgehoben werden, wenn besagte Konfliktpartei nach einem nicht mehr nachvollziehbar langen Zeitraum, zum Beispiel nach drei Tagen, immer noch auf dieser Ausrede beharrt.

- ☞ Ein Spülbecken voll mit kaltem, undurchsichtigem, bakteriell verseuchtem Wasser zurückzulassen, unter der Oberfläche eine unbekannte Anzahl scharfer Küchenwerkzeuge, oder eine vergleichbare Situation, in welcher der Partner einen Brechreiz unterdrücken und eine Hand ins trübe, übelriechende Wasser stecken muss, um nach dem Stöpsel zu tasten.

Schlussendlich sollte das Versäumnis des sofortigen Einweichens rasch verkrustender Essensreste unter der Internationalen Genfer Müslirechtskonvention als Kriegshandlung gewertet werden.

~~Das Wohnzimmer~~ *Der Spiel-und-Spaß-Raum*

Wenn man die Besitztümer zweier Personen in eine Wohnung schafft, ist eine der anspruchsvollsten und zugleich unterhaltsamsten Herausforderungen der langsame und allmähliche Prozess, einen Platz für alle Sachen beider Parteien zu finden. Im Lauf der Zeit sollte das Auffinden der Sachen leichter werden und schließlich ganz ohne Nachdenken gelingen. Theoretisch sollten damit die Probleme aufhören, doch in Wirklichkeit beginnen sie jetzt erst, denn erst wenn der endgültige Aufenthaltsort einer Sache festgelegt ist, kann diese Sache *nicht* an dem ihr zugewiesenen Ort zu finden sein. Das ist wie beim Versteckspiel, nur dass beide Mitspieler gar nicht wissen, dass sie es spielen. Und so geht's:

> Person A bewegt die <u>Sache</u> versehentlich von dem Ort, an dem die <u>Sache</u> sich normalerweise befindet, an einen Ort, an dem die <u>Sache</u> sich normalerweise nicht befindet.

> Etwas später kann Person B die Sache nicht an dem Ort finden, wo die Sache sich normalerweise befindet, und gerät in Panik.

Daraufhin fragt Person B Person A, ob sie weiß, wo die <u>Sache</u> ist. Person A erinnert sich vage, die <u>Sache</u> bewegt zu haben, hat aber den neuen Aufenthaltsort vergessen, verbirgt sie also im Grunde bis zu einem unbestimmten, zukünftigen Zeitpunkt, an dem die <u>Sache</u> durch einen unbeabsichtigten Putzvorfall wiederentdeckt wird.

Verärgert über die Abwesenheit der <u>Sache</u> sagt Person B etwas Mürrisches wie: «Also, Moment mal, sehe ich das richtig, du hast die <u>Sache</u> *weggeräumt? MEINE <u>Sache</u>?! ... Bist du vollkommen übergeschnappt?*»

Anstatt die Suche nach der <u>Sache</u> als fröhliche Detektivarbeit eines wieder erstarkten Zweierteams zu betrachten, entscheiden sich Person A und Person B lieber für einen ausgedehnten und heftigen Streit über eine nicht vorhandene <u>Sache</u>. Was für ein Spaß!

PROFI-TIPP: WIE MAN STREITET

Manchmal ist es gut, Differenzen mit dem Partner zu besprechen. Diskussionen können hilfreich sein, können aber auch durch Faktoren wie mangelnde Geduld, fehlende Höflichkeit und das Ignorieren von Zwischentönen beeinträchtigt werden. Diese Faktoren sind nicht besonders hilfreich, wenn man verzweifelt versucht, eine Sache zu finden. Darum wurde der Streit erfunden, bei dem jede Spur von Rationalität getilgt wird und der nirgendwohin führt, dafür aber schneller. Frohes Kabbeln!

Erster Schritt: Entscheiden, ob man streiten will

Bevor Sie sich auf den langen, verschlungenen und unvorhersehbaren Streitpfad begeben, sollten Sie sich beim ersten Anzeichen von Konflikt einen Augenblick Zeit nehmen und überlegen, ob dieser Streit es wirklich wert ist, Ihr  sonst so erfreuliches Leben dafür zu unterbrechen. *Muss* sich wirklich irgendetwas ändern? Geht es hier wirklich um nicht verhandelbare Grundsätze?

Wenn die Antwort Nein lautet, sollten Sie sich in Erinnerung rufen, dass die meisten Streitigkeiten ohnehin mit Entschuldigungen und Kuscheln enden, also könnten Sie eigentlich auch das ganze Geschrei und Gefuchtel und Theater überspringen und direkt zum *«Es tut mir leid»*-*«Nein, mir tut es leid»*-Kuschelteil übergehen.

Zweiter Schritt: Schlüsselthemen, Inhalt und Rahmen Ihres Streits definieren

Wenn Ihr Streit es definitiv wert ist, geführt zu werden, sollten Sie frühzeitig das Thema, die Rahmenbedingungen und die Zielvorgaben der Auseinandersetzung festlegen, denn ziellose Streitgespräche neigen dazu, sich wie ein herrenloser Staubsauger zu benehmen, also wild um sich zu schlagen und sinnlos immer mehr Zeug in den

Konflikt hineinzusaugen. Versuchen Sie bei Ihrem Thema zu bleiben (oder es zumindest nicht zu vergessen), sonst lassen Sie sich womöglich davon ablenken, wie viel Spaß es macht, die Stimmen zu erheben, einander falsch wiederzugeben, «Das hab ich nicht gesagt!» zu rufen und alte Streitigkeiten aufzuwärmen, um Ihre aktuelle moralische Überlegenheit in den historischen Kontext Ihrer vorherigen moralischen Überlegenheit einzubetten.

Dritter Schritt: Streiten, solange man will

Vergessen Sie nicht: Im Verlauf eines Streits ist es möglich, sein Ausmaß zu reduzieren, indem man einen Fehler einräumt («vielleicht hast du Recht»), aber ebenso kann man ihm den Raum geben, ins Unermessliche zu wachsen, indem man den Anlass des Streits zum Teil eines viel größeren Problems erklärt. Das lässt sich jederzeit mit dem klassischen Streitausweitungsspruch erreichen: «Das machst du _IMMER!_» Super. Toll gemacht! Jetzt beschränkt sich Ihr Streit nicht mehr nur auf einen schlampigen Abwasch oder üble Laune, sondern kann das gesamte Leben und den kompletten Charakter Ihres Partners einbeziehen.

Doch lassen Sie sich warnen: Je länger Sie streiten, desto schwieriger wird es, sich an den Anfang zu erinnern, daran, wer was gesagt hat, und schließlich überhaupt an den Grund des Streits. An diesem Punkt ist es natürlich am klügsten, das Ganze als Unentschieden zu werten und mit dem lang erwarteten Kuscheln zu beginnen.

Gut geplant ist halb genossen!

Als verpaarter Erwachsener hat man gemeinhin viel mehr zeitliche Verpflichtungen und im Umkehrschluss viel weniger freie Zeit, in der sich plötzlich riesige und spontane Spaßeruptionen ereignen könnten.

Das bedeutet jedoch nicht, dass Sie als Paar keinen *Spaß* haben können. Der einzige Unterschied ist, dass Paare ein bisschen mehr Vorlauf brauchen, um zu überlegen, zu diskutieren, durch Internetseiten zu browsen, Broschüren zu bestellen, zu planen, vorzubereiten, zu organisieren, zu synchronisieren, zu budgetieren und *den Spaß* schließlich terminlich mit anderen Paaren abzustimmen. So soll im Voraus sichergestellt werden, dass *der Spaß* auch in jedermanns durchgeplanten *Spaßkalender* passt und nicht mit wichtigen Steuererklärungsterminen, Ikeaeinkäufen oder Knieoperationen kollidiert.

Aber keine Angst, je älter Sie werden, desto weniger Bedarf besteht an spontanen, frivolen und exzentrischen Vergnügungen, denn die meiste Zeit als Erwachsener verbringt man damit, es sich bequem zu machen, neue Gegenstände zur Wohnungseinrichtung auszusuchen und unversehens, unbemerkt, unerwartet, unvermeidlich und unaufhaltsam so zu werden *WIE DIE EIGENEN ELTERN. AAHHHH!*

Darum müssen Sie sich auch gar nicht mehr so anstrengen wie als junger und alleinstehender Mensch, unterhaltsam und amüsierwillig zu wirken, denn inzwischen gehen Sie ganz bestimmt nicht mehr allein nach Hause, egal wie unamüsant Sie sind. Angesichts dieser Tatsache kann es kaum verwundern, dass Ihnen Kneipentouren und durchtanzte Nächte in angesagten Clubs immer unattraktiver und anstrengender erscheinen, Dinnerpartys hingegen immer anziehender und praktischer. Der gesellschaftliche Erfolg einer Party gepaart mit den Kalorien eines guten Essens. Prickelnd *und* praktisch! Hier also eine Schritt-für-Schritt-Anleitung für den maximalen Spaß, den Sie aus einer Dinnerparty herausholen können, Sie alter Langweiler:

Erster Schritt: Planen

Das Tolle an einer Dinnerparty ist, dass Sie Menschen kennenlernen, die Sie schon kennen, und ihnen zeigen, wie Sie leben, indem Sie sich komplett anders verhalten als normalerweise, und dabei Speisen zu sich nehmen, deren Zutaten Sie bisher nur in erschreckend vornehmen Büchern wie *100 absolut unverzichtbare Fenchelrezepte* abgebildet gesehen haben.

Wenn man Sie hingegen zu einer Dinnerparty einlädt und Sie noch *nicht* Teil eines Paares sind, ist es gut möglich, dass Sie eingeladen wurden, um Teil eines Paares zu *werden*. Wenn das der Fall ist, dürften Sie rasch herausfinden, mit wem Ihre Gastgeber Sie verkuppeln wollen. Schauen Sie sich einfach nach dem Menschen um, der sich ebenfalls nach dem Menschen umschaut, der sich nach ihm umschaut. Das könnte Ihr zukünftiger Lebenspartner sein! Sollten Sie überraschenderweise nicht in der Lage sein, Ihren vom Planungskomitee vorgesehenen Schicksalspartner sofort zu entdecken, achten Sie auf Unterhaltungen, die plötzlich und ungelenk in Ihre Richtung schwenken, so in dieser Art:

> Sie: «... und darum glaube ich nicht, dass es im Nahen Osten jemals dauerhaften Frieden und Stabilität geben wird.»

> Gastgeber: «Ist ja witzig, dass du da eine Gegend erwähnst, denn Jenny hier interessiert sich auch sehr für Gegenden, stimmt's, Jenny? Du solltest Manuel mal er-

zählen, wie du in dieser einen Gegend deinen blauen Hut verloren hast.»

Zweiter Schritt: Gäste einladen

Im Gegensatz zu Kinderfesten, wo ein Clown, eine Hüpfburg oder die Suche nach dem Piratenschatz für Unterhaltung sorgen, gibt es bei einer Dinnerparty nur eine einzige, deutlich weniger verlässliche Quelle des Amüsements: die Leute selbst. Es ist also unbedingt zu empfehlen, nur Ihre coolsten, wildesten und exzentrischsten Freunde mit den tollsten Anekdoten einzuladen und bei der Erstellung der Gästeliste eine harte «Absolut keine Langweiler»-Strategie zu fahren. Langweiler braucht man bei einer Dinnerparty so nötig wie einen engagierten Rettungsschwimmer in einer verlassenen Keksfabrik.

Dritter Schritt: Die Gäste platzieren

Dann sollten Sie die Gäste so um den Tisch verteilen, dass lockere und lebhafte Gespräche gefördert werden. Betty mag Computer? Die setzen Sie neben Robert. Robert kommt oft mit dem Gesetz in Konflikt? Halten Sie ihn von Wachtmeister Dimpflmoser fern. Zum Schluss verteilen Sie Ihre extrovertierteren Gäste auf taktisch wichtige Konversationspunkte rund um den Tisch, wie die Zeltstangen eines großen Plauder-Tipis. Die weniger extrovertierten Gäste könnten Sie zu sich *ans Ende der Tafel* bitten, damit Sie ihnen helfen können, ins Gespräch einzusteigen. Noch besser wäre es, sie erst *am Ende des Abends* zu sich zu bitten, dann könnten Sie beim Aufräumen helfen, ohne Gefahr zu laufen, mit ihrer furchtsamen Fadheit die Atmosphäre des Abendessens zu zerstören.

Vierter Schritt: Ein Rezept wählen

Die Gerichte bei Dinnerpartys sollten gehoben gutbürgerlich sein, damit der Abend erlesen, außergewöhnlich und würdig

wirkt. Hier für den Anfang eine Liste, um Sie auf die richtige
Spur zu bringen:

Akzeptabel	Inakzeptabel
Aubergine 👍	Mikrowellen-Hamburger 👎
Artischocke 👍	Mikrowellen-Hamburger Deluxe 👎
Wachteleier 👍	
Wachtelschenkel 👍	Wachtelköpfe 👎
	ErdnussLocken® 👎
Seltener peruanischer 👍 Springsalat (muss bio sein)	Backofen-Hühnchen-formfleisch 👎

Zum Glück haben die meisten Leute ein Spezialgericht, das sie
ein wenig besser kochen als alles andere, weshalb es sich für
eine Dinnerparty hervorragend aus dem Hut zaubern lässt. Für
alle anderen bietet sich gefüllte Paprika an.

Wenn Sie nicht ganz sicher sind, zu welcher der beiden
Gruppen Sie gehören, kochen Sie am besten Ihr Spezialgericht
– ob nun Lasagne, ein Curry, Würstchen oder Suppe – und
stopfen es dann in eine ausgehöhlte Paprikaschote.

Fünfter Schritt: Atmosphäre schaffen

Es ist ganz wichtig, die richtige Atmosphäre für eine Dinnerparty zu schaffen – irgendwas zwischen Esszimmer, Restaurant
und dem Arbeitsraum eines spirituellen Heilers. Jegliche Hinweise auf Ihren Alltag sollten in Schubladen verschwinden und
auf allen verfügbaren Oberflächen sollten so viele Kerzen brennen, dass jederzeit problemlos ein Dämon beschworen werden
könnte.

Für die akustische Berieselung sollten Sie idealerweise eine

Playlist passender Songs vorbereitet haben. Wenn Sie jedoch die Atmosphäre einer zufallsgesteuerten Musiksammlung anvertrauen wollen, achten Sie vorher wenigstens darauf, alle mp3-Dateien zu entfernen, die den Verlauf des Abendessens plötzlich, radikal und unwiderruflich verändern könnten, zum Beispiel ein Kapitel Ihres Hörbuchs *Willy Wacker und die verhexte Wühlmausfestung* oder den Bonustrack eines experimentellen Björk-Albums, der Ihre Dinnergäste zunächst 14 Minuten lang in vollkommene Stille bettet und dann plötzlich ganz laut «MAMA» schreit.

Folgende Audiodateien sollten aus hoffentlich nahe liegenden Gründen ebenfalls aus Ihrer Liste entfernt werden:

☞ Nationalhymnen untergegangener Diktaturen
☞ *«Die größten Walgesang-Hits des Jahres 1999»*
☞ *«Schöner schreien – Vol. III und IV»*
   (die ersten beiden Alben sind allerdings bahnbrechend)
☞ Wyclef Jean

Sechster Schritt: Über Erwachsenenthemen reden

Jede Dinner-Konversation sollte beweisen, wie distinguiert, politisch informiert und kulturell versiert Sie sind. Sollten Sie allerdings nicht über distinguierte, politisch informierte und kulturell versierte Ansichten verfügen, wählen Sie einfach ein zufälliges Nomen, Verb oder eine längere Phrase und fügen Sie die in den Satz «Also, ich habe gerade einen Dokumentarfilm über *Thema* (Magneten/Urban Kayaking/Die Rolle von Hierarchien in Laubfroschkulturen) gesehen» ein. Es hört Ihnen sowieso niemand zu, denn die anderen sind ebenfalls viel zu beschäftigt damit, distinguiert, politisch informiert und kulturell versiert zu wirken, und warten nur darauf, dass Sie endlich wieder den Mund halten, damit sie ungeachtet Ihres Beitrags entgegnen können: «Das ist ja interessant, das erinnert mich an

einen Artikel über *Thema* (ABBA/das Schusterhandwerk/selte-
nen peruanischen Springsalat), den ich gerade gelesen habe.»

Siebter Schritt: Leute loswerden

Ganz wichtig: Dinnerpartys sind die erwachsene, zivilisierte Alternative zum Betrinken mit Freunden auf der Parkbank mit
einer Tüte Gummibärchen. Darum *können* Sie einen angemes-
senen Endpunkt haben, und zwar hoffentlich bevor alle schwer
alkoholisiert mit der Nase auf dem Käsebrett einschlafen.

Stattdessen sollten Dinnerpartys mit einer kleinen traditionellen Aufführung enden, bei der all Ihre Gäste auf einmal so
tun, als müssten sie plötzlich aus geheimnisvollen Gründen
gehen, obwohl sie eigentlich gar nicht wollen. Sie merken, dass
das Spiel losgeht, wenn Ihre Gäste anfangen zu gähnen, auf die
Uhren schauen und übertrieben deutlich Sätze sagen wie «Oh,
schau mal auf die Uhr!» oder «Ist es wirklich schon so spät?»
Sie würden ja so gern noch länger bleiben, aber müssen jetzt
leider sofort los, weil nämlich in ein paar Minuten womöglich
die Straßen nicht mehr da sind.

Nach diesem zwanghaften Laienspiel ist es Ihre Aufgabe als
Gastgeber, den Abend mit einem passenden, der Etikette genü-
genden Schlusspunkt zu versehen, indem Sie ihn mit einem ge-
schmackvollen und zeitlosen Scherz abrunden, an den die Gäste
die ganze Woche zurückdenken werden. Wenn zum Beispiel einer Ihrer Gäste fragt: «Könnten Sie uns wohl ein Taxi rufen?»,
dann legen Sie die Hände wie einen Trichter an den Mund und
rufen laut «TAAAXIII!» Daraufhin schieben Sie die Gäste aus
der Wohnungstür hinaus und schmeißen hinter ihnen schwung-
voll die Tür ins Schloss, um ganz sicherzugehen, dass der Abend
genau mit dem Höhepunkt Ihrer herrlichen Pointe endet.

Wenn Ihnen das allerdings ein bisschen zu abrupt und unhöflich erscheint, können Sie gern «Gute Nacht» durch den
Briefschlitz flüstern. Dinnerparty erledigt.

VIERTES KAPITEL
ARBEITEN

WIE MAN EINE BEWERBUNG SCHREIBT

Eine kurze Autobiografie in der Sprache der Lügen

Um einen Job zu bekommen, müssen Sie zunächst einmal eine Bewerbung schreiben. In diesem Dokument beschreiben Sie ausführlich, wie großartig Sie sind, was Sie alles können, warum Sie als einziger Mensch auf der Welt für den Job, auf den Sie sich bewerben, in Frage kommen und – vor allem – wie alles, einfach alles, was Sie in Ihrem Leben bisher getan haben, nur auf diesen einen Augenblick zulief, sich jetzt bei genau diesem Unternehmen auf genau diese Position zu bewerben. Es war Schicksal. Vorsehung. Denken Sie nur an das zweiwöchige Praktikum im Sommer 2009. Sie sind *Der Richtige*.

Die Worte, mit denen Sie sich beschreiben, sollten sich zur Realität in etwa so verhalten wie die Verpackung eines «Mikrowellen-Hamburger Deluxe» zum Inhalt. Mit anderen Worten: Es spielt gar keine Rolle, ob Ihre bisherigen Beschäftigungen mittelmäßig oder wenig beeindruckend scheinen, Sie müssen sie nur ein wenig aufhübschen – alles eine Frage des Marketings. Gehen Sie kreativ mit der Wahrheit um. Verwenden Sie Sprache flexibel. Selbst wenn Sie als Arbeitnehmer nur lauwarmem, schlechtem Hackfleisch im lappig-feuchten Brötchen entsprechen, sollte Ihre Bewerbung Sie als «Gourmet-Hacksteak, gebettet in ein zauberhaftes Zwillingspaar flockenlockerer Rundstückhälften» anpreisen.

Ihre Bewerbung sollte folgende Punkte enthalten:

1. Persönliche Einleitung

Hier stellen Sie sich Ihrem zukünftigen Arbeitgeber vor. Ihr Anschreiben sollte beschreiben, was für ein Mensch Sie sind, was Ihnen wichtig ist, worüber Sie sich definieren, was Sie motiviert, inspiriert, antreibt, was Sie im Leben erreichen möchten und wie Sie in Ihre Rolle hineinwachsen wollen – Ihre Leidenschaften, Ihre Ziele, Ihre Hoffnungen und Träume. Das Ganze natürlich nicht länger als in einem Satz.

2. Ausbildung

In Ihrem Lebenslauf sollten Sie sämtliche schulischen Leistungen aufzählen. Normalerweise beschränkt sich das auf die harten Fakten, also Abschlussnoten und Qualifikationen. Weniger Augenmerk sollte Sie auf anekdotische Höhepunkte legen, zum Beispiel wie Sie einmal eine Mathematikklausur wegen Nasenbluten verpasst haben oder wie Ihr EDV-Kurs es damals geschafft hat, zwei Lehrer im selben Bücherschrank einzusperren.

3. Berufliche Erfahrung

Ebenfalls gehört in Ihren Lebenslauf eine Auflistung all Ihrer bisherigen Beschäftigungen, mit der sich zeigen lässt, dass Sie über die Fähigkeiten und Erfahrungen verfügen, den angestrebten Job auszuüben. Wenn Sie sich zum ersten Mal auf ei-

nen Job bewerben, wird es Ihnen leider an den nötigen Fähigkeiten und Erfahrungen mangeln, weil Sie, nun ja, noch nie einen Job hatten. Zum Glück gibt es auf der Welt jede Menge Jobs für Leute, die noch nie einen Job hatten. Man nennt sie *Scheißjobs*. Im Allgemeinen werden für derartige Arbeiten keine besonderen Fähigkeiten benötigt, sodass jeder Versuch, sich darauf zu bewerben, akzeptabel sein dürfte, wenn Sie nicht gerade Ihren eigenen Namen falsch schreiben oder die Unterlagen klitschnass einreichen.

Im Lauf der Zeit sollte der Erfahrungsteil Ihres Lebenslaufes wachsen und gedeihen und sich mit langen, blumigen Wortketten füllen wie «Stationärer Lebensrettungsspezialist Aquasport» (= «Rettungsschwimmer») und im Idealfall ein Fortschreiten von weniger ernsthaften Beschäftigungen zu verantwortungsvollen und seriösen Posten zeigen. Die Reihenfolge Kellnerin > Kundenbetreuerin Mobiles Marketing > Vorstandsvorsitzende beispielsweise dürfte vom Arbeitgeber als Anzeichen von Ambitionen gewertet werden. Die Reihenfolge Vorstandsvorsitzende > Kundenbetreuerin Mobiles Marketing > Kellnerin hingegen deutet eher auf anfängliche unverdiente Privilegien sowie eine unfassbar ungeschickte Persönlichkeit hin.

4. Qualifikationen und Kenntnisse

In diesem Abschnitt sollten Sie versuchen, Ihren potenziellen Arbeitgeber mit Ihrem Führerschein, Ihren Computerkenntnissen und allen weiteren Bonusqualifikationen zu beeindrucken, die Sie an einem langweiligen Bürotag aus dem Hut zaubern können – zum Beispiel die Fähigkeit, illegal raubkopierte Software auf dem Firmenlaptop zu installieren.

Bitte beachten: Einige Grundfähigkeiten werden *vorausgesetzt*, so zum Beispiel Lesen, Schreiben und verletzungsfrei auf einem Stuhl Platznehmen. Heben Sie sich die Erwähnung dieser Extras für das Vorstellungsgespräch auf.

5. Interessen

Vergessen Sie nicht, das Unternehmen, bei dem Sie sich bewerben, hat zwar offensichtlich spezifische Probleme, die Sie lösen sollen, aber Sie dürfen nicht nur wie ein Set erforderlicher Fähigkeiten in menschlicher Gestalt daherkommen, sondern müssen auch als «Teamplayer» überzeugen. Der Mensch, der Sie einstellt, könnte auch der Mensch sein, der in Zukunft 40 Stunden die Woche in Ihrer unmittelbaren Nähe verbringen muss. Ihre Persönlichkeit ist also nicht gerade unwichtig.

Sie sollten daher betonen, dass Sie einen rundum entwickelten Charakter vorzuweisen haben und bei bester Gesundheit sind. Es sollte der Eindruck entstehen, dass Sie nicht gleich am ersten Arbeitstag körperlich zusammenbrechen werden, dass Sie nicht nach Feierabend bis zum Morgengrauen die Wand anstarren und dass Sie über ein Minimum an sozialen Fertigkeiten verfügen, um mit Ihren Kollegen zu interagieren.

Eine passendes Muster wäre: «Ich mag [körperliche Betätigung] + [Hobby] + [soziale Aktivität].»

👍 Gutes Beispiel: Kung-Fu + Angeln + Salsatanzen

👎 Schlechtes Beispiel: Angeln + Sprengstoff + Angeln

Wenn Sie sich für die drei tragenden Säulen Ihrer Persönlichkeit entschieden haben, ist es eine gute Idee, diesen Teil Ihrer Bewerbung mit den Worten «Außerdem gehe ich gern ins Kino, höre Musik und unternehme etwas mit Freunden» zu beschließen. Diese Erklärung ist wichtig, denn dadurch heben Sie sich sofort von Robotern, Regenwürmern und Kunststoff ab.

Weiterhin sollten Sie im Auge behalten, dass alles, was Sie schreiben, Ihrem zukünftigen Arbeitgeber bestimmte Eigenschaften suggeriert, also achten Sie darauf, dass Ihr Charakterporträt zur angestrebten Stelle passt. Es folgen einige Beispiele, wie das, was Sie womöglich schreiben, tatsächlich gelesen wird.

«Ich gehe gern ins Fitnessstudio.»	«Ich erledige gern sich wiederholende, undankbare Aufgaben in geschlossenen Räumen. Ich werde versuchen, während meiner Anstellung hier ungefähr die gleiche Form zu behalten.»
«Ich unternehme gern etwas mit Freunden.»	«Ich bin ein Mensch, kein Gemüse.»
«Ich lese gern.»	«Mein Hirn ist daran gewöhnt, Wissen aufzunehmen und zu verarbeiten. Ich kann ausgebildet und/oder womöglich befördert werden. *Warnung: Ich kann gelegentlich eine nicht autorisierte Meinung haben.*»
«Ich mache gern Witze!»	«Ich bin lustig und/oder bekloppt und/oder unerträglich.»
«Ich mag freiberufliches Arbeiten/Freiheit/Glück.»	«Ich habe die Stellenanzeige missverstanden.»

6. Referenzen

In diesem Abschnitt Ihrer Bewerbung sollten Sie die Namen einiger relativ freundlicher Menschen angeben, die kontaktiert werden können, um zu bestätigen, a) dass Sie existieren, b) dass sie sich an Ihre Existenz erinnern und c) dass Ihre Existenz bisher noch nicht direkt zum Zusammenbruch anderer Unternehmen oder Einrichtungen geführt hat.

7. Kontaktdaten

Dies ist der vielleicht wichtigste Teil. Sie können die beste Bewerbung der Welt schreiben, wenn Sie jedoch versäumen, Ihre

Telefonnummer oder Adresse anzugeben, dann bewerben Sie sich in Wahrheit nicht auf eine Stelle, sondern lassen nur jemandem ein Blatt Papier mit Informationen über sich zukommen. Das können Sie natürlich machen, und ein Arbeitgeber könnte das womöglich für kühn und draufgängerisch halten, aber an Ihrer Arbeitslosigkeit wird sich so nichts ändern.

PROFI-TIPP: WIE MAN ARBEITSLOS IST

Der erste «Job», den Sie als Erwachsener bekommen werden, ist wahrscheinlich die Arbeitslosigkeit, die ungefähr genauso ist wie das, was Sie vorher gemacht haben, nur dass als Bonus die Missbilligung Ihrer Mitmenschen hinzukommt. Eigentlich sollte Ihnen diese Rolle ganz natürlich und locker von der Hand gehen, aber hier sind dennoch ein paar Tipps, wie Sie mit den aktuell gestiegenen Erwartungen Ihrer Umwelt umgehen können:

Erster Schritt: Rationale Begründung

Die meisten Menschen haben einen Job und betrachten daher Arbeitslosigkeit als eine Art verlängerten Urlaub und somit als vollkommen unverdiente Glückseligkeit, die sie selbst mit ihrem harten und hoch besteuerten Tagewerk zu subventionieren gezwungen sind. Daher sollten Sie sich für Ihren Beschäftigungsmangel unbedingt eine plausibel klingende Erklärung überlegen, damit Sie Ihre Arbeitslosigkeit vor anderen begründen können. Vielleicht «sammeln Sie Erfahrung» oder befinden sich gerade «zwischen zwei Jobs» oder in einer «vorbereitenden Phase». Wie Sie es auch darstellen, vermeiden Sie unbedingt reale Einzelheiten Ihrer tatsächlichen Lage, in der Sie gelangweilt, allein, unbeschäftigt und unbewacht den ganzen Tag im Internet surfen.

Zweiter Schritt: Sich auf die Aufgabe einstellen

Eine Weisheit, die Ihnen viele Menschen mit Arbeitsplatz einreden werden, lautet: «Die Jobsuche ist ein Job für sich.» Ja, klar. Leider gibt es einen Unterschied zwischen einem richtigen Arbeitsplatz und einem vorgetäuschten: Die richtige Arbeit wird getan, weil es einen Chef gibt, ein Büro, einen Arbeitsvertrag, Abgabetermine, Arbeitszeiten, bares Geld – und Konsequenzen. Auch wenn Sie als Ihr eigener Chef die Jobsuche wie einen Job behandeln wollen, wird keines der genannten Druckmittel existieren. Sie und ein allzu menschliches Maß an Willenskraft stehen gegen die endlos langen und öden Stunden, die Sie mit dem Inhalt Ihres Kühlschranks und dem WLAN-Anschluss verbringen müssen.

Dritter Schritt: Sehen Sie es «wie einen Job»

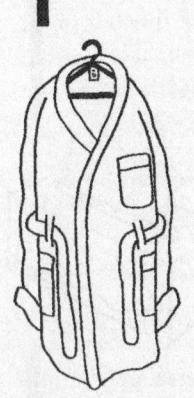

Die Vorstellung, ein angenehmes aktuelles Jetzt gegen ein potenziell angenehmes *zukünftiges* Jetzt einzutauschen, widerstrebt allen menschlichen Überlebensinstinkten, weshalb Sie sich selbst auf jede denkbare Weise dressieren, austricksen, bestrafen, belohnen, belügen, erpressen und bestechen müssen, um die Motivation und Selbstdisziplin aufzubringen, die zur Jobsuche nötig ist.

Zum Glück lehrt uns die Geschichte, dass ständig unangenehme Aufgaben erledigt werden müssen. Wenn Sie Ratschläge brauchen, wie Sie sich selbst zu unschönen Erledigungen zwingen können, schauen Sie sich einfach die Arbeitswelt an. Dort lernen Sie, früh aufzustehen, immer wieder das Gleiche zu tun und die sonnigsten Stunden des Tages auf dem Bürostuhl über eine Tastatur gekrümmt zu verbringen.

WIE MAN EIN VORSTELLUNGSGESPRÄCH ÜBERSTEHT

Mit der richtigen Einstellung zur baldigen Anstellung!

Nehmen wir mal an, Ihre Bewerbung wurde nicht willkürlich und achtlos in den Papierkorb geworfen, weil irgendein selbstgefälliger Personaler seinen Bewerbungsstapel halbieren und «nicht mit Leuten arbeiten will, die Pech haben» – dann besteht durchaus die Möglichkeit, dass Sie zu einem Vorstellungsgespräch eingeladen werden. *Glückwunsch!* Der Anfang vom Ende des Anfangs Ihres Lebens ist jetzt vorbei.

In weniger komplizierten Zeiten bestanden solche Gespräche nur darin, dass die Befragenden einige der haarsträubenden Behauptungen aus dem Lebenslauf des Bewerbers nachprüften und dann durch weitere Fragen herauszufinden versuchten, ob er oder sie tatsächlich über irgendwelche Fähigkeiten, Kenntnisse oder Erfahrungen verfügte, die ihn oder sie für den fraglichen Job qualifiziert. Doch jetzt leben wir in *der Zukunft*, und Computer haben die meisten Tätigkeiten so weit erleichtert, dass aus dem schlichten und bescheidenen Bewerbungsgespräch ein sehr eigenartiger und heikler Beliebtheitswettbewerb geworden ist.

Heutzutage dürfte der Interviewer eher kryptische, hypothetische, verwirrende und esoterische Fragen stellen, um zu testen, wie gut Sie gegen Büroschwachsinn gewappnet sind. Es geht weniger darum, was Sie antworten, denn das wird unweigerlich irgendwas Albernes sein, sondern um die Probe, wie gut Sie mit dem vorgegebenen Quatschniveau umgehen können. Am besten demonstrieren Sie genau das Selbstbewusstsein, das Arbeitgeber sehen wollen. Wie? Indem Sie das Interview so angehen, als hätten Sie den Job bereits bekommen und wieder verloren und kehrten jetzt nach einem Lottogewinn ins Büro zurück, um schadenfroh zu spotten.

Hier eine Liste der wahrscheinlichsten Fragen, die Ihnen in einem Vorstellungsgespräch begegnen werden, und die passenden Antworten darauf:

«Warum wollen Sie diese Stelle?»

Mit dieser Frage will der Arbeitgeber offensichtlich ein Rollenspiel einleiten, bei dem zwei Menschen miteinander reden und dabei so tun, als würden sie beide nicht verstehen, was Geld, Essen und Miete bedeuten. Gehen Sie darauf ein und blenden Sie jede Kenntnis über das Wirtschaftssystem aus, in das Sie hineingeboren wurden. Bieten Sie stattdessen eine ausladende und hochtrabende Erklärung, warum Ihre Bewerbung auf die Stelle des *Zubereitungs- und Ausgabe-Assistenten* bei *Schweinske's Schweinehappen* Teil Ihrer Reise zu größerer Selbsterkenntnis ist.

«Was glauben Sie, was ist Ihre größte Schwäche?»

Hohoho, da muss der Personalchef aber früher aufstehen, wenn er Sie aufs Glatteis führen will, was?

Offensichtlich ist in dieser Frage eine *andere* Frage versteckt, und diese nur dünn verhüllte wahre Frage lautet: «Was ist Ihre *größte Stärke* ... die Sie in Beantwortung dieser Frage notdürftig als Ihre größte Schwäche maskieren dürfen?»

Antworten auf diese Frage sollten etwa so klingen: «Ich arbeite zu hart» oder «Manchmal bin ich so aufs Ziel fokussiert, dass ich persönliche Opfer bringe, um es zu erreichen» oder «Ich bin so perfektionistisch, dass ich manchmal gar nicht merke, wie großartig ich schon alles mache. Das ist manchmal etwas demotivierend für meine Kollegen, die zu mir als ihrem Mentor, Freund und Helden aufschauen.»

Leider sind solche Antworten inzwischen so oft verwendet worden, dass sie zu erwartbaren und bekannten Klischees verkommen sind. Den Trick kennt jeder. Auch der Personalchef weiß, dass Sie den Trick kennen, in Wirklichkeit steckt also in der Frage nicht nur eine *andere* Frage, sondern noch eine *dritte* Frage, nämlich: «Okay, wir wissen beide, wie es läuft, also, haben Sie Humor?»

Hier ein paar Beispiele für geistreiche und witzige Entgegnungen:

«Was glauben Sie, was ist Ihre größte Schwäche?»
«Vielleicht dass ich Fragen mit Gegenfragen beantworte?»

«Was glauben Sie, was ist Ihre größte Schwäche?»
«Sätze. Ich bringe einfach keinen zu-»

«Was glauben Sie, was ist Ih-»
«*ANDERE UNTERBRECHEN.*»

⟨?⟩ «Wo würden Sie sich gern in fünf Jahren sehen?»

Lassen Sie sich von dieser Frage nicht erschrecken. Es ist zwar *möglich*, dass die Personalabteilung Ihre Antwort abspeichert und in fünf Jahren wieder überprüft, um zu entscheiden, ob Sie in ein geheimes Regierungsprogramm für Menschen mit hellseherischen Fähigkeiten gesteckt werden sollten, aber wahrscheinlicher ist es, dass man bloß wissen will, ob Sie dem Unternehmen noch erhalten bleiben, nachdem Sie Ihre Mails gecheckt und eine Handvoll Kekse gegessen haben.

Wirken Sie nicht allzu paranoid.

Sagen Sie einfach irgendwas wie «in einem Whirlpool» und schlurfen Sie aus dem Büro.

⁇ **«Wenn Sie irgendein(e) Farbe/Eissorte/Pokémon sein könnten, welche(s) Farbe/Eissorte/Pokémon wäre das und warum?»**

Aha, schon wieder. Ganz offensichtlich zielt diese Frage nicht auf Ihre tatsächlichen Vorlieben, denn Sie bewerben sich ja auf eine Stelle und machen keinen Heiratsantrag. Nein, diese Frage zielt auf Ihre Kreativität, auf Ihren Erfindungsgeist, auf Ihre Geistesgegenwart.[*]

Tatsächlich präsentiert der Interviewer Ihnen hier sozusagen einen Freifahrtschein zum Themenwechsel – eine Gelegenheit, zu erzählen, was immer Sie möchten. Um diese Gelegenheit konsequent zu nutzen, sollten Sie sich im Voraus mindestens eine beispielhafte Anekdote zurechtlegen, in der sich Ihre unglaubliche Verwendungsfähigkeit ausdrückt, und diese dann unangestrengt in Ihre Antwort einflechten. Zum Beispiel so:

> «Wenn Sie irgendeine Eissorte sein könnten, welche Eissorte wäre das und warum?»
>
> «Tolle Frage! Da muss ich wohl Schokolade sagen. Einmal habe ich an einem Wochenendseminar zum Team-Building teilgenommen, und mein Team musste einen Hindernisparcours überwinden. Gleich zu Beginn ist Annette aus der Logistik gestürzt und hat sich das Sprunggelenk verstaucht, doch durch Voraussicht und Initiative habe ich einen Stock als Stütze für sie gefunden, und unter Einsatz von Motivationsfähigkeit und Führungsqualitäten habe ich sie so lange angeschrien, bis sie ins Ziel gehumpelt ist. Trotz ihres Heulens und Jammerns nach einem Rettungswagen habe ich große Beharrlichkeit und zielorientierte Leitung bewiesen. Dafür habe

---

[*] Bitte beachten Sie: Verwechseln Sie diese Frage nicht mit der völlig anders gearteten Frage «Sind Sie jemals straffällig geworden, und wenn ja, in welcher Weise und warum?» Bei *dieser* Frage geht es nicht um Kreativität, sondern um juristische Fakten.

ich vom Freizeitpark «Monkey World» den Ehrentitel *Baumschwinger des Tages* verliehen bekommen. Und darum ist mein liebster Pokémon Glurak.»

Super gemacht. Sie sind ein Naturtalent.

 **«Haben Sie noch irgendwelche Fragen?»**
Hier gibt Ihnen Ihr Gegenüber Gelegenheit, Interesse an dem Unternehmen zu zeigen oder zumindest zu heucheln. Um daraus Nutzen zu ziehen, sollten Sie sich im Voraus ein paar kluge Fragen ausdenken, beispielsweise zu der *Ausbildungspolitik des Unternehmens* oder nach den *Aufstiegs- und Entwicklungsmöglichkeiten.* Eine solche Vorbereitung verhindert hoffentlich, dass Sie in plötzlicher Panik einen Hirnfurz wie den folgenden Satz fahren lassen: «WIE VIELE MENSCHEN IN DIESEM BÜRO HABEN KNIEPROBLEME?»

Wenn Sie nun also Ihre Befrager befragen, kommt es darauf an, den goldenen Mittelweg zwischen *Neugierde* und *Übereifer* zu finden. Aus offensichtlichen Gründen ist es nicht angeraten, überhaupt keine Fragen zu stellen, weil das auf ein erkennbares Desinteresse am fraglichen Unternehmen schließen ließe. *Zu viele* Fragen können allerdings ebenso unangenehm sein, besonders, wenn sie das Vorstellungsgespräch bis ins Wochenende hinein verlängern und aus allgemeinen Grübeleien bestehen wie «Was ist Liebe?» oder «Wenn man eine Ente püriert, ergibt das mehr oder weniger als einen halben Liter Flüssigkeit?»

Wenn Sie einfach nichts wissen wollen und Ihnen auch keine gute Frage einfällt, erkundigen Sie sich einfach, wann die Firma plant, Sie durch einen Roboter zu ersetzen, und ob Sie danach womöglich als «Roboterputzkraft» weiterbeschäftigt werden können.

Wegen der Konkurrenz am Arbeitsmarkt – verursacht durch zu wenige Arbeitsplätze und zu viele junge Menschen mit Universitätsabschlüssen in Fächern wie *Neue-Medien-Digitaler-Quatsch* – nutzen Unternehmen natürlich gern ihre angenehme Lage, um Ihre Generation mit der vagen Gegenleistung «Erfahrungen sammeln» schamlos auszubeuten. Sollten Sie je ein Praktikum machen wollen, folgt hier der beste Weg, aus dem vagen Versprechen eigenen Nutzen zu ziehen:

Erster Schritt: Eindruck machen

Als Praktikant betrachtet der Rest der Belegschaft Sie als anonymes Wesen, dessen Funktion im Unternehmen eher unklar ist – am ehesten eine Mischung aus Kaffeeautomat, Sündenbock, Idiot und Faxgerät. Darum ist es so wichtig, so viel wie möglich aus jeder persönlichen Begegnung mit Kollegen herauszuholen, ihnen Ihren Namen, Ihre Ziele und Ihre gewinnende Persönlichkeit regelrecht aufzudrängen, damit Sie später ihre Freundschaft für Ihre Zwecke nutzen können.

Unbekanntheit ist dabei viel schlimmer als Exzentrik. Darum sollten Sie sich im Voraus überlegen, mit welchem «Markenprofil» Sie sich selbst unverwechselbar und unübersehbar machen können. Wie wäre es mit einem Namensschild, einer Fliege um den Hals oder der Angewohnheit, sich ausschließlich seitwärts durch die Büroräume zu bewegen? So werden sich rasch alle an Sie erinnern: «Lydia» oder «Lydia, du weißt schon, dieses komische Krabbenmädchen, ihren Namen weiß ich nicht, aber sie hat mir Angst gemacht.»

Zweiter Schritt: Auf jede noch so vage Interessensbekundung eingehen

Wenn Sie jemand anlächelt und so etwas wie «Hi» sagt, dürfen Sie mit Fug und Recht annehmen, dass es eigentlich heißen soll: «Hey, Mann, ich versteh dich, wir waren alle mal Praktikanten, ich respektiere dich trotzdem als Kollege, Mensch und Künstler, du schaffst das schon, wir sitzen alle im gleichen Boot, Genosse, du bist hier die wahre stille Heldin, Schwester, jetzt hält uns nichts mehr auf, Amigo, die Liebe hebt uns in den Himmel, da wo wir hingehören, *viva la revolución, shine on, you crazy diamond.*»

Genau: In einem Gebäude, in dem 95 Prozent der Insassen per Knopfdruck Kaffee bei Ihnen bestellen, sollte jeder zwischenmenschliche Kontakt gewürdigt werden. Sobald jemand mit Ihnen auf eine Weise interagiert, die nicht unmittelbar mit Ihrer Aufgabe als Lieferant warmer Getränke zu tun hat, klammern Sie sich sofort an die betreffende Person und erzählen Sie ihr so viel von Ihrer Lebensgeschichte, wie Sie in einem Atemzug unterbringen können.

Dritter Schritt: Passive Aggressivität

Da Ihre nicht entlohnte Arbeit wahrscheinlich für andere einen Mehrwert schafft, wird von Ihnen geradezu erwartet, dass Sie Groll über Ihre Lage hegen. Doch weil Sie gezwungen sind, diesen Groll im Interesse Ihres «professionellen Auftretens» zu unterdrücken, sollten Sie Ihren Protest in Form passiver Aggression ausdrücken. Die beliebtesten Formen passiver Aggression sind Sturheit, Widerwille, chronische Verspätung, schlecht vorgetäuschte Begeisterung, absichtliche Minderleistung sowie die vorsätzliche und/oder wiederholte Nichterledigung übertragener Aufgaben. Wenn Ihr Protest jedoch unbemerkt bleibt, da er wie völlig normales Büroverhalten wirkt, sollten Sie vielleicht noch einmal überdenken, ob dieser Berufszweig der richtige für Sie ist.

WIE MAN DEN WEG ZUR ARBEIT BEWÄLTIGT

Der öffentliche Nahverkehr

Nehmen wir nun an, Sie wurden nicht nur zu einem Vorstellungsgespräch eingeladen, sondern Sie haben den Job auch bekommen. Nochmal: *Glückwunsch!* Um diesen erfolgreich auszuüben, ist zunächst einmal notwendig, dass Sie anwesend sind. Das bedeutet, dass Sie sich Tag für Tag morgens aus dem Bett raus- und zur Arbeit hinbewegen müssen. Ein notwendiges Übel. Sie *arbeiten,* um *Geld zu verdienen.* Sie *verdienen Geld,* um *Spaß zu haben.* Der Arbeitsweg ist die immer wiederkehrende Unterbrechung dazwischen. Er macht zwar beide Teile Ihres Lebens erst möglich, gehört aber zu keinem. Sie *verdienen kein Geld.* Und Sie haben ganz bestimmt *keinen Spaß.* Sie werden einfach nur mit großer Geschwindigkeit in einem überfüllten Metallbehälter durch die Gegend geschleudert.

Darum sollten Sie sich wie der Großteil der arbeitenden Bevölkerung auf dem Weg ins Büro der kollektiven Illusion hingeben, dass das alles gar nicht passiert. Abschalten, Ausklinken, Einstöpseln. Zurück in die Matrix. Ignorieren Sie einfach, dass Sie gerade Ihr warmes, bequemes Bett und Ihren netten Hund namens Biffy verlassen, um den Tag im 12. Stock eines grell erleuchteten Bürogebäudes neben dem fiesen Simon zu verbringen.

Zum Glück gibt es mittlerweile einige gut erprobte und sich großer Beliebtheit erfreuende Möglichkeiten, sich von dieser unangenehmen Wahrheit abzulenken.

Erste Option: Zeitung lesen
Sich über die Abenteuer des Planeten am Vortag zu informieren, ist eine beliebte Beschäftigung, und sie fühlen sich als Teil

des großen Dramas, das «Leben auf der Erde» heißt. *Seht mal! Da ist etwas in die Luft geflogen! Jemand hat etwas gesagt! Kriege, Krisen, Skandale! Ein verdammtes Chaos herrscht da draußen!*

Aber vergessen Sie nicht, dass viele dieser Nachrichten meist von überarbeiteten und unterbezahlten Schreibern im Lauf der Nacht hastig produziert werden, und dass die Wörter auf den Seiten erst wenige Stunden vor dem Druck Hirnen unter erschreckendem Koffeineinfluss entsprungen sind. Ein guter Hinweis auf das Alter der gelesenen Nachrichten ist übrigens die Menge der Nachrichten, die einem hinterher an den Fingern klebt. Wenn tatsächlich alles abfärbt, könnte das bedeuten, die «Neuigkeiten» sind noch so neu, dass sie womöglich noch gar nicht zu Ende passiert sind, und Sie selbst können ihren Ausgang noch beeinflussen, wenn Sie sich beeilen.

Pro: «Informiert sein» erlaubt Ihnen, «Meinungen» zu haben, die Sie auf Dinnerpartys häufig als Ihre eigenen ausgeben können.

Contra: «Informiert sein» kann zu der Befürchtung führen, dass die Welt erschreckend, verwirrend und unergründlich kompliziert ist, obwohl sich Ihr eigenes Leben mit den Worten *Hinlegen, Hinsetzen, Hinlegen, Wiederholen* zusammenfassen lässt.

Zweite Option: Ein Buch lesen

Bücher werden aus toten Bäumen und Gedanken gemacht und lassen sich grob in zwei Kategorien aufteilen:

1. Sachbücher sind bei denjenigen sehr beliebt, die auf dem Weg zur Arbeit klüger werden wollen, damit sie vielleicht eines Tages den Job wechseln und sich verbessern können. Solche Bücher werden von bärtigen Männern und Frauen geschrieben und heißen etwa *WIE SIE AB SO-*

FORT GANZ OHNE MÜHE ALLES KRIEGEN, WAS SIE WOLLEN oder *DIE WAHRHEITSILLUSION – ALLES, WAS MAN IHNEN ÜBER ALLES VERSCHWEIGT.*

2. Romane hingegen werden vor allem von denen gelesen, die eine fantasievolle *geistige* Reise unternehmen wollen, weil ihre tatsächliche *physische* Reise so unglaublich wenig gehaltvolles Drama und Figurenentwicklung bietet. Manche Arbeitswege sind tatsächlich so dermaßen geistlos, dass man zum Durchhalten absurd fantastische Bücher braucht.

Solche Bücher nennt man «heimliche/peinliche Lieblingsbücher» oder einfach «nicht besonders gute Literatur», je nachdem, ob man selbst oder jemand anderes sie liest.

Zum Glück kann man den Schutzumschlag dieser Bücher auch gegen einen für den öffentlichen Nahverkehr geeigneteren Umschlag eintauschen. Ob es sich nun um ein populäres Kinderbuch handelt (das eigentlich nicht für Erwachsene gedacht ist) oder um einen populären erotischen Roman (der eigentlich nicht für Kinder gedacht ist), verwenden Sie einfach statt des für das Buch vorgesehenen Umschlags einen alternativen mit einem stimmungsvollen Schwarzweißfoto von einem Gegenstand. Solange das Titelbild Ihres Romans einen monochromen Schal zeigt, ist es gesellschaftlich akzeptiert, dass Sie als zu groß geratenes Kind oder latent notgeiler Einfaltspinsel in einem vollen Zug sitzen.

Wenn Sie sich von dem albernen Theater lösen und nicht mehr so tun wollen, als würden Sie in der Öffentlichkeit bedeutende Bücher lesen, können Sie auch einfach einen E-Book-Reader kaufen. Dann müssen Sie nicht mehr vortäuschen, morgens um viertel nach sechs Dostojewski zu genießen, sondern können ungeniert und unbewertet in *Willy Wacker und die Waffelburg des Hühnerzauberers* eintauchen.

Pro: Mit Büchern können Sie neue, interessante Wörter sammeln. Wenn Sie tausend zusammenhaben, können Sie die gegen ein Bild eintauschen.

Contra: Je mehr *Sie wissen*, desto *besser wissen* Sie, dass *Sie nichts wissen.* Das nennt man Weisheit, und es ist der direkte Weg zur Erkenntnis, dass Sie dämlich sind.

Dritte Option: Einschlafen

Einschlafen ist eine der aufregendsten Möglichkeiten auf dem Weg zur Arbeit, denn es bringt die ständige, halbwache Panik mit sich, dass Sie Ihre Haltestelle verpassen, dass Ihnen der Laptop gestohlen wird, dass Sie beim Aufwachen von lachenden Jugendlichen angestarrt werden, weil Sie sich auf den Hals gesabbert und Ihren kalten Kaffee versehentlich auf einen Blindenhund geschüttet haben.

Natürlich erscheint der Gedanke, in der Öffentlichkeit einzuschlafen, zunächst beängstigend – wegen der eigentlich ganz gesunden Einstellung, dass es ziemlich unangenehm ist, beim Schlafen von Fremden angestarrt zu werden. Wenn es sich jedoch um *jede Menge Fremde* handelt und Sie gar nicht wissen, wie viele es eigentlich sind, und wenn diese Fremden an jeder Haltestelle gegen andere Fremde ausgetauscht werden, wird es zum Glück einfacher. Das ist gut, denn am besten schützen Sie sich vor der Gefahr, Ihre Haltestelle zu verpassen, indem Sie immer wieder auf irgendwelchen fremden Schultern einschlafen. Dafür sind Fremde da, darum sind sie auch so weich.

Pro: Sie nutzen Ihren Arbeitsweg produktiv und träumen die unterbrochenen Träume zu Ende.

Contra: Fremde werden Sie mit offenem Mund schnarchen sehen und versuchen, Dinge hineinzuwerfen. Ich fürchte, so ist das Leben.

Vierte Option: Musik hören

Eines Tages werden Sie mithören, wie eine wunderschöne Frau oder ein wunderschöner Mann in Ihrer Nähe Ihren liebsten Song von *Bon Iver* hört. Sie werden die Person lange anstarren. Sie werden sich fragen, woran sie wohl gerade denkt. Sie werden sich ein wenig in die Person verlieben, ganz unverhofft und ein bisschen peinlich. Leider können Sie nichts dagegen tun, denn Sie können ja schlecht Ihren eigenen Lieblingssong unterbrechen, um einem fremden Menschen zu sagen, dass Sie ihn unterbrochen haben, um ihm zu sagen, wie gut er Ihnen gefällt, oder? Natürlich nicht, Sie armer romantischer Irrer. Stattdessen sollten Sie wie besessen über die zahllosen charmanten Sätze nachgrübeln, die Sie dem wunderschönen fremden Menschen sagen könnten, aber keinen davon sagen, sondern ihn weiter anstarren, rasch wegschauen, wenn der Mensch Ihren Blick erwidert, ihn dann wieder anstarren, und diesen Vorgang so lange wiederholen, bis der Mensch Sie unvermeidlich für immer verlässt.

An dieser Stelle sollten Sie beschließen, dass er oder sie der oder die «Richtige» ist.

Auf dem Rückweg werden Sie denselben Song von *Bon Iver* hören, verträumt melancholischen Gedanken an eine verlorene zukünftige Liebe nachhängen, die womöglich entflammt wäre, wenn Sie *nur etwas gesagt hätten*, und dabei werden Sie die wunderschöne neue Frau oder den wunderschönen Mann gar nicht bemerken, wenn er oder sie sich Ihnen gegenübersetzt.

Diesmal wird der andere Mensch Sie ansehen; wird Ihnen tief ins Gesicht schauen, *Ihre* Musik mithören, Sie unverhofft und ein bisschen peinlich anstarren und sich fragen, woran *Sie* wohl gerade denken.

Doch leider wird er oder sie bloß denken: «Ärgh, stell das leiser!»

Pro: Sie können den Soundtrack Ihres Lebens selbst auswählen. Selbst wenn Sie beim Blick aus dem Fenster bloß eine alte Frau sehen, die zu einer Mülltonne stolpert, wird der Anblick schon weniger traurig, sollten Sie dabei *Wham!'s Greatest Hits* hören.

Contra: Die ständige Paranoia, dass die Menschen in Ihrer Umgebung Ihre Musik mithören und Sie wegen der Lautstärke oder der Qualität Ihrer kitschigen 80er-Jahre-Hits verachten.

Fünfte Option: Ein Spiel auf dem Handy spielen
Andere Menschen betrachten Computerspiele oft als reine Zeitverschwendung, so als wäre die Weisheit, die anderen künstlerischen Ausdrucksformen innewohnt, irgendwie unsterblicher als die Seele selbst und würde das Erleben des Uni-

versums für alle Menschen verbessern. Leider sind solche Menschen traurige Tröpfe, die niemals begreifen werden, wie viel simple, augenblickliche, Zen-gleiche Freude darin steckt, auf Knopfdruck mit Hühnern nach Schweinen zu werfen.

Tipp, tipp, wisch, tipp, wisch. Aahhh, transzendent.

Vergessen Sie nicht, Ihr Ziel muss sein, den Arbeitsweg so rasch und so wenig denkwürdig wie möglich hinter sich zu bringen, es gibt also im Grunde kaum eine bessere Option als ständig mit den Daumen auf einen Touchscreen zu drücken, um Punkte in einem Reich virtueller Realität zu sammeln, das in sich zusammenfällt, sobald Ihre Mutter anruft.

> Pro: Sie trainieren wichtige Problemlösungsinstinkte und körperliche Reflexe. Diese werden Sie noch gut brauchen können für künftige Spiele auf Ihrem Handy.
> Contra: Indem Sie Ihr Telefon als Spielzeug verwenden, verbrauchen Sie so viel Akkuladung, dass Sie die Funktionsfähigkeit Ihres Telefons als Telefon gefährden.

Sechste Option: Mails erledigen

Wenn Sie schon ein bisschen arbeiten, bevor Sie zur Arbeit kommen, dann müssen Sie bei der Arbeit weniger arbeiten, richtig?

> Pro: Gutes Karma. Arbeiten, bevor man dafür bezahlt wird, ist praktisch Wohltätigkeit.
> Contra: Arbeit + Arbeit = Glück?

Siebte Option: Starren

Starren ist eine beliebte Tätigkeit während des täglichen Weges zur Arbeit, denn man kann dabei eine Vielzahl von verschiedenen Einstellungen ausprobieren: von herrlichen Horizontschwenks zu Übelkeit erregenden Nahaufnahmen. Außerdem ist Starren eine verlässliche Ersatzoption für die Tage, an denen Sie Zeitung, Buch, Handy oder Freunde vergessen haben. Es gibt eine unendliche Zahl verschiedener und erfreulicher Möglichkeiten, in öffentlichen Verkehrsmitteln zu starren (nun, sechs, um genau zu sein):

1. Aus dem Fenster starren.
2. Ein Fenster anstarren, wobei man heimlich das Spiegelbild einer attraktiven Person anstarrt.
3. Jemand Attraktives anstarren, der oder die selbst aus dem Fenster starrt.
4. Jemand Attraktives anstarren, der oder die selbst das Fenster anstarrt und dabei heimlich das Spiegelbild eines Widerlings anstarrt, der oder die sie oder ihn anstarrt, und hofft, dass dieser Mensch aufhört.
5. Die eigenen Füße anstarren.
6. Alle und jeden im Abteil/Großraumwagen/Bus eine gleich kurze Weile anstarren, wie der Lord eines Herrenhauses, der sein Anwesen überschaut und die Gärtner zählt, die er derzeit beschäftigt.

> Pro: Alles gratis!
> Contra: Sollten Sie versehentlich jemanden anstarren, der zurückstarrt, könnten Sie in einen unerklärlichen und furchterregenden Anstarr-Wettbewerb verwickelt werden. Spüren Sie die irre Spannung – *wieso stellt sich das Gefühl ein, dass diese Beschäftigung entweder mit Sex oder Gewalt enden wird?*

WIE MAN MIT KOLLEGEN AUSKOMMT

Von der Ausbildung bis zur Abfindung

Mit der richtigen Einstellung heißt Arbeiten nichts weiter als dafür bezahlt zu werden, den ganzen Tag mit Freunden abzuhängen und nebenher ein paar Aufgaben zu erledigen. Bloß dass «Freunde» deswegen Freunde sind, weil Sie sie sich ausgesucht haben. Kollegen sind so viel mehr. Sie sind gezwungen, mit diesen Menschen Zeit zu verbringen, Sie können Sie sich nicht aussuchen, vielleicht können Sie sie auch nicht einmal besonders gut leiden, Sie können sie nicht austauschen, nicht mal dann, wenn Sie sie hassen. Damit haben sie einen ähnlichen Status wie Familienmitglieder.

Einen Stamm zu haben war für Menschen immer wichtig. Während also die Freiberufler, die Arbeitslosen und die komplett Zwecklosen zu Hause sitzen (und so tun, als – in obiger Reihenfolge – hätten sie was zu tun, überhaupt nichts tun und ihre Brille suchen, obwohl sie die aufhaben), sind *Sie* wichtiger Bestandteil einer Gruppe. Sie haben Ziele und leisten etwas, genau wie die Jäger-und-Sammler-Stämme Ihrer Vorfahren. Na gut, vielleicht bestehen Ihre Ziele lediglich darin, den Profit anderer Leute zu maximieren, und okay, Ihre Leistung ist womöglich nur, dass das Unternehmen 72B1 gerade die Reichweite in den sozialen Medien verbessert hat, indem Sie den lukrativen Vertrag über die *WhizzPlong!*-App gesichert haben, aber egal: Der Stammesgeist lebt. Schlagen Sie die Trommel, halten Sie die Flamme am Brennen. VooooorWÄRTS BÜROTEAM!

Morgengruß

Bis alle «Menschenjobs» zu «Automatenjobs» geworden sind, wird das Begrüßen Ihrer Kollegen am Morgen eine notwendige Banalität bleiben. Dennoch wird vor 11 Uhr keine kreative Energie und kein Enthusiasmus erwartet, denn eine alte Regel in der Arbeitswelt besagt, dass Frische, Freundlichkeit, Elan und Optimismus am Arbeitsplatz so kurz nach dem Verlassen der Traumwelt nicht angemessen sind. Es verstieße sogar gegen jegliche professionelle Etikette, sich anders als vorsichtig, desinteressiert und still zu verhalten, bis man in der Lage ist, Schlafmangel, Schlafüberschuss, koffeingierige Bewusstseinstrübung, Kater, Frühstückshunger und/oder den normalen Grad vorsorglicher Verwirrung der anderen Insassen der Arbeitsumgebung richtig einzuschätzen.

Die Ausnahme von dieser Regel bildet vor allem der Montagmorgen, der ein ganzes Wochenende von der letzten Gelegenheit für Smalltalk am Freitagnachmittag entfernt ist. An diesem Tag sollten Sie etwas mehr Interesse am Leben Ihrer Kollegen

heucheln und sich danach erkundigen, was sie mit dem Teil der Woche anfangen, an dem Sie nicht bei ihnen sind. Allerdings ist es noch vor 11 Uhr, also sollten derartige Unterhaltungen dem Prinzip «Malen nach Zahlen» folgen – die erforderlichen Leerstellen können mit müder Fantasie selbst gefüllt werden.

«Wie war dein Wochenende?»

«Ach ja, ganz gut, danke.» *(Belassen wir es dabei, ja? Ich habe im Augenblick nur sehr wenig zu irgendwem zu sagen, da ich mich gerade erst wieder daran gewöhne, mich im selben Planquadrat zu befinden wie der fiese Simon.)*

«Ah, schön ... Was hast du denn so gemacht?»

«Ich hab einen ganz Ruhigen gemacht.» *(Ich habe das Sofa nur verlassen, um zur Toilette, zum Kühlschrank und zur Wohnungstür zu gehen, wo ich den Lieferservice bezahlt habe. Was hast du denn angestellt, irgendwas unglaublich Neues und Aufregendes? In einer Hecke geschlafen, nur von Regenwasser gelebt, Dachse mit dem Flammenwerfer gejagt? Ich nehme es nicht an, darum frage ich auch nicht nach.)*

Teeküchenklatsch

Zum Glück lockert sich die Gesprächsatmosphäre auf, wenn alle etwas Koffein zu sich genommen, etwas Arbeit erledigt und/oder sich die neuesten, viral verbreiteten Videos von Katzen, Hunden und stolpernden Stars des vergangenen Wochenendes angesehen haben.

Das ist gut, denn der Teeküchenklatsch bei der Arbeit hat zwei besonders positive Aspekte. Erstens ist es, auch wenn die Qualität der Konversation vielleicht zu wünschen lässt, immer noch besser als die Alternative: allein, gelangweilt und mittellos zu Hause zu sitzen und jede Stunde einmal den

Kühlschrank zu öffnen, um nachzusehen, wie viel Käse Sie nicht haben. Zweitens werden Sie für die Zeit bezahlt, die Sie im Unternehmen verbringen, völlig unabhängig vom Wert Ihrer Ansichten. Geben Sie sich also ruhig ein wenig der spaßigen Zeitverschwendung hin und plaudern Sie mit Ihren Kollegen.

Mittag/Pausen

Wenn Ihr Unternehmen eine Kantine hat, bekommen Sie schon beim Mittagessen die nächste Gelegenheit zum Kollegenkontakt. Sie müssen sich nur beim Anstehen in der Schlange gründlich im Speisesaal umsehen und sich dann zu den coolsten Leuten setzen, die Sie kennen. Aber treffen Sie keine übereilten Entscheidungen, denn häufig sitzen solche Gruppen immer wieder genau am selben Platz, jeden Tag, immer in genau der gleichen Zusammensetzung, ohne offensichtlichen Grund, so als hätten sie einen bizarren, unausgesprochenen, aber heiligen Pakt mit einem bestimmten Stuhl geschlossen. Das bedeutet, dass Sie dort, wo Sie am ersten Tag sitzen, Sie auch noch am tausendundersten Tag sitzen werden, denken Sie also gut nach, bevor Sie etwas Leichtsinniges tun, wie zum Beispiel dem unbehaglich langen Blick des fiesen Simon zu begegnen.

Wenn Sie jedoch für Ihre Mittagsverpflegung selbst sorgen müssen, könnten Sie gezwungen sein, etwas ungeheuer Gefährliches zu tun, zum Beispiel sich laut zu erkundigen: «Möchte irgendjemand Mittagessen gehen?» So eine offene Einladung ist natürlich riskant, denn womöglich landet der schrägste Vogel der ganzen Firma in Ihrem Netz. Sie ist außerdem riskant, weil womöglich niemand «ja» sagt und Sie plötzlich feststellen müssen, dass Sie selbst der schrägste Vogel der ganzen Firma sind. Na ja, macht auch nichts, dann können Sie sich immer noch zum fiesen Simon setzen.

After-Work-Drinks

17 Uhr! *Jabbadabbadu*! Zeit für Sie und 90 Prozent der arbeitenden Bevölkerung, den Schwanz eines Dinosauriers herunterzurutschen, sich geradewegs aus dem Gebäude und kopfüber in eine aus medizinischer Sicht weniger empfehlenswerte Menge Bier zu stürzen.

After-Work-Drinks sind eine der aufregendsten Möglichkeiten, mit Ihren Kollegen und Vorgesetzten zu interagieren, weil der dafür festgelegte Zeitraum so gefährlich zwischen den beiden Zuständen «nach der Arbeit» (also am Ende von Stress und Anspannung) und «vor dem Abendessen» (also vor substantieller Nahrungsaufnahme) balanciert. Das kann zu enthusiastischer und exzessiver Alkoholzufuhr bei gleichzeitig mangelhafter Verarbeitung desselben führen. Darum sollte das Trinken nach Feierabend durch folgende Zeitlimits begrenzt werden:

- Wenn Ihr Handy drei verpasste Anrufe von Ihrem Mann/ Ihrer Frau/Ihrer Mutter anzeigt.
- Wenn Sie vergessen, dass Ihr Chef Ihr Chef ist.
- Wenn der neue Praktikant/die neue Praktikantin plötzlich total und absolut auf Sie zu stehen scheint, obwohl vor zwei Bieren noch nichts von dieser heftigen Anziehung zu spüren war.
- Wenn der nächste Morgen gekommen ist («Uppsch! WidZeit vergeeht! Schon widr Zeit fss BüRO!»).

Die Weihnachtsfeier

Die betriebliche Weihnachtsfeier ist eine Art Abschlussexamen für alle bisher erteilten Ratschläge. Vor allem ist es ein festlicher Test Ihrer Fähigkeit, die Alkoholdosis sorgsam zu regulieren. Einerseits, und das versteht sich von selbst, ist ausreichende Trunkenheit oft angeraten, um exzessiv in die Länge gezogenes Weihnachtssingen und die charakterlichen Schwächen einiger Kollegen zu ertragen – andererseits sollten Sie nicht so viel zu sich nehmen, dass Sie mithilfe einer spontanen PowerPoint-Präsentation in allen Einzelheiten darlegen, warum diese Lieder und diese Kollegen so unerträglich sind.

Bitte beachten Sie folgende Hinweise zum Sicherheitskorridor:

Optimal	Zu weit
Mit unerträglichen Kollegen sprechen	Kollegen mitteilen, wie unerträglich sie sind
Ein wenig tanzen	Begeisterter erotischer Tanz mit der Topfpflanze
Charmant zu Mitarbeitern sein	Öffentlich mit besonders bemitleidenswerten Mitarbeitern rumknutschen
Oh ho ho! Eins der Wichtelgeschenke ist ein witziges Sexspielzeug! Fröhlich mit dem Rest der Gruppe kichern	*Oh ho ho! Eins der Wichtelgeschenke ist ein witziges Sexspielzeug!* Geschenk schnappen, krasse sexuelle Handlung vollziehen, Gerät aus dem Fenster werfen
Vertrauliches Gespräch mit Kollegen	In der Toilettenkabine heulen
«Happy Birthday, Jesus!»	«Ihr wisssdoch, Weinachdn issn geklautes heidnschsss Rütual!»

PROFI-TIPP: WIE MAN KRANKFEIERT

Das Beste am bezahlten Arbeiten sind die Tage, an denen man bezahlt wird, aber in Wirklichkeit nicht arbeitet. Diese Tage nennt man *Urlaub*, und Sie bekommen davon eine bestimmte Anzahl pro Jahr zugestanden – oft deutlich weniger, als Sie meinen, verdient zu haben. Zum Glück können Sie sich auf relativ einfache Art mehr davon beschaffen, indem Sie Ihren Arbeitgeber überzeugen, dass Sie nicht etwa Urlaub machen, sondern krank zu Hause liegen. Das Wichtigste beim gelungenen Krankfeiern ist strategisches Denken und Handeln:

Erster Schritt: Krasse Beschreibungen

Der häufigste Fehler beim Blaumachen ist der Versuch, am Telefon *krank zu klingen*, indem man hustet, schnieft, ächzt und die schauspielerischen Fähigkeiten bis zum Äußersten strapaziert, um sich irgendwie verschnupft und trübselig anzuhören. Bei einem erfahrenen Vorgesetzten oder Personalreferenten klingeln da sofort die Alarmglocken, und er wird Sie im Geiste gleich beim Picknick sehen, oder wie Sie ein Sportereignis im Fernsehen anschauen, oder einen lustigen Drink mit einem Glitzerschirmchen drin aus einer Kokosnuss trinken. Viel klüger ist es also, fröhlich und optimistisch zu klingen, aber eine grauenhafte, gnadenlose und unzensierte Beschreibung Ihrer Symptome zu liefern. «Meine Gedärme stinken wie eine Mülltonne im Kriegsgebiet», sagen Sie heiter. Eine gute Alternative sind «Frauenprobleme», denn die blocken jede weitere Nachfrage ab – vor allem, wenn Sie gar keine Frau sind.

Zweiter Schritt: Diversifizierung der Ausreden

Vergessen Sie nicht, Abwechslung würzt das Lügen. Der Schlüssel zum erfolgreichen Krankfeiern ist es, nicht jedes Mal die gleiche

Entschuldigung vorzubringen, sondern kreativ, originell und variabel zu sein. Das bedeutet natürlich auch, dass Sie in Erinnerung behalten müssen, welche Entschuldigungen Sie bereits verwendet haben, damit Ihre Geschichten immer neu und plausibel klingen (das ist besonders wichtig, wenn die Mehrzahl Ihrer Krankheitstage auf sonnige Freitage, verkaterte Montage oder WM-Finaltage fällt). Auf keinen Fall wollen Sie riskieren, dass es irgendjemandem auffällt, wenn Sie direkt vor einer anstehenden Konferenz Ihre neunte verstorbene Großmutter vermelden.

Dritter Schritt: Beweise erbringen

Am überzeugendsten wirkt das Krankfeiern natürlich dann, wenn Sie nicht erst morgens nach dem Aufwachen beschließen, dass Sie heute unmöglich unter der Bettdecke hervorkriechen können, und dann mit der erstbesten lahmen Ausrede, die Ihr schläfriges Hirn hervorbringt, im Büro anrufen. Nein, die besten blauen Tage werden weit im Voraus geplant, es werden Beweismittel geliefert und bestätigende Zeugenaussagen erbracht.

Schon am Tag vor der geplanten Krankheit sollten Sie kränklich aussehen oder sich zumindest so verhalten. Sie sollten dezent jammern, Voraussagen einer unmittelbar drohenden Erkrankung am ganzen Arbeitsplatz streuen und so den Boden für Ihre Geschichte bereiten. Sie könnten zum Beispiel sagen: «Ich gehe heute Abend mit fünf Freunden in so ein aufregendes neues Restaurant. Es heißt *Hühnerhaus Russisch Roulette*. Jedes sechste Hähnchen wird nicht richtig durchgebraten.» Im Verlauf des Abends können Sie dann immer mulmiger klingende Nachrichten in Ihren Accounts bei sozialen Medien posten, Bemerkungen über ominöse Gerüche und bereits einsetzendes Bauchgrummeln. Um die Erzählung auch nachträglich zu bekräftigen, sollten Sie nach der «Krankheit» gefährlich abgemagert im Büro erscheinen.

FÜNFTES KAPITEL

ETC.

WIE MAN RECHNUNGEN BEZAHLT

Die monatlichen Kosten des modernen Lebens

Wenn Ihr Erwachsenendasein bisher vor allem daraus bestand, bei Kerzenschein im Dunkeln zu sitzen und zum Schutz vor Kälte sämtliche Kleider, die sich in Ihrem Besitz befinden, gleichzeitig zu tragen, sich mit nassen Lappen zu waschen und mit der Außenwelt über rückständige Technologien wie Briefeschreiben und Zurufen zu kommunizieren, dann fehlt Ihnen ein entscheidender Bestandteil der heutigen Mieter-Erfahrung: *Nebenkosten.*

Im Normalfall müssen Sie, nachdem Sie sich vertraglich dazu verpflichtet haben, jeden Monat viel Geld für ein paar Zimmer zu bezahlen, als Nächstes noch mal eine Menge Geld dafür hinlegen, dass diese Zimmer sich so verhalten, wie Zimmer sich heutzutage verhalten sollten: Aus den Armaturen soll Wasser laufen, aus den Heizkörpern Wärme strömen und aus den Steckdosen in der Wand Strom fließen. Man könnte sogar die Ansicht vertreten, dass Sie gar keine Wohnung mieten, solange Sie sich nicht dazu bereit erklären, die dazugehörigen Nebenkosten ebenfalls in Kauf zu nehmen. Dann leihen Sie sich bloß für viel Geld ein paar überteuerte Wände.

Erst indem Sie die Nebenkosten akzeptieren und Ihre monatlichen Rechnungen bezahlen, verwandeln Sie Ihre Räume von leeren dreidimensionalen Formen, die Ihren Besitz vor Wind und Wetter schützen, in die helle, warme, gemütliche und nützliche Unterkunft, die verantwortungsvolle Erwachsene zu schätzen wissen. Also, machen Sie die Lichter an, waschen Sie sich, stöpseln Sie Geräte ein, drehen Sie die Heizung auf, kochen Sie was, laden Sie Gäste ein – Ihren Möglichkeiten sind keine Grenzen gesetzt, wenn Sie Ihre Rechnungen bezahlen!

Bezahlen Sie, wie es Ihnen gefällt

Rechnungen sind ein bisschen wie ein langweiliger alter Verwandter. Sie wissen, gelegentlich müssen Sie nach ihm schauen, aber Sie wissen auch, er wird ungefähr die gleichen langweiligen Sachen erzählen wie beim letzten Mal und jedem anderen Mal davor. Der Unterschied zwischen den Rechnungen und dem langweiligen alten Verwandten ist allerdings, dass Sie die Verwandtenbesuche nicht aufschieben können, bis eine «Letzte Mahnung» eintrifft. Bei Rechnungen ist das jedoch durchaus möglich. Im Allgemeinen können Sie das Bezahlen von Rechnungen ziemlich lange hinauszögern, ehe ein Unternehmen Ihnen den Hahn zudreht. Es lohnt sich daher durchaus, die Grenzen dieser Übereinkunft auszutesten, um herauszufinden, wie viel Bewegungsspielraum Sie in Ihren wirtschaftlichen Beziehungen haben.

In der Welt der Rechnungen ist das alles absolut akzeptabel, und Sie dürfen Ihre Zahlung ohne Scheu und Schuldgefühle auf die lange Bank schieben. Denn eins können Sie mit Fug und Recht annehmen: Ein Unternehmen, das Ihre ganze Stadt mit Strom versorgt, wird nicht gerade mit angehaltenem Atem auf das bisschen Kleingeld warten, das für den Betrieb Ihrer fünf Glühbirnen, Ihres Laptops und Ihres Toasters zu entrichten ist.

Dieses Spiel können Sie allerdings nur gewinnen, wenn das Unternehmen tatsächlich darauf wartet, dass Sie ihm den in der Rechnung aufgeführten Betrag überweisen. Einige Firmen haben keine Lust auf diese Machtspielchen und bestehen daher auf einer *Einzugsermächtigung*. Das Unternehmen kann nun einfach Geldbeträge von Ihrem Konto abbuchen.

Das setzt jedoch voraus, dass das Geld auch da ist. Und dies muss bekanntlich nicht immer zutreffen. Wenn Sie plötzlich mit weniger Geld auf dem Konto dastehen, als die Unternehmen von Ihnen haben wollen, müssen Sie vielleicht einer wichtigen Rechnung Vorrang vor einer anderen geben.

Bevor Sie diese Entscheidung treffen, ziehen Sie bitte folgende Tabelle zu Rate:

Versorgung	Direkte Folgen	Positive Nebeneffekte
Telefon	Sie können die übrigen Versorgungsunternehmen nicht mehr anrufen und um Zahlungsaufschub betteln.	Keine Nachrichten sind gute Nachrichten!
Strom	Sie werden eine ganz neue Achtung vor dem Ende des Tages gewinnen, denn das ist jetzt	Sie lesen mehr Bücher, spielen mehr Gesellschaftsspiele, reden mehr mit Ihrer Familie

	gleichbedeutend mit Bettzeit. (Oder Sie sitzen dramatisch und düster im Dunkeln.)	und finden ganz allgemein zurück zu den einfachen Freuden des Lebens.
Gas/Wärme	Sich Gas aus fernen, reichen Ländern ins Haus pumpen zu lassen, war schon immer die faule Alternative zum Feuermachen. Ohne diesen Komfort gewinnt Ihr Leben altmodische Elemente zurück: In den Wald gehen, die Axt schwingen, Ruß aushusten.	Wenn Sie Ihre Kreativität testen wollen, denken Sie sich verschiedene Arten aus, warm zu bleiben. Sie könnten zum Beispiel alle Kleidungsstücke übereinander tragen. Oder Sex haben. Wenn Ihnen diese Herausforderungen noch nicht reichen, versuchen Sie diese beiden Dinge gleichzeitig. Von einem Partner erregt zu werden, der vier Mützen und sechs Mäntel trägt, erfordert übermenschliche Fantasie.
Internet	Wenn Sie sich unterhalten und die korrekte Antwort auf eine Frage nicht wissen, müssen Sie einfach weiterreden, ohne die korrekte Antwort zu googeln. Barbarisch.	Sehen Sie nur, wie viel Hausarbeit Sie erledigt kriegen!

Weniger konsumieren

Wenn Sie bemerken, wie viel Sie jeden Monat für Wärme, Licht und Wasser ausgeben müssen, möchten Sie vielleicht nach Wegen suchen, Ihren Verbrauch zu reduzieren. Es gibt viele clevere Möglichkeiten, Energie zu sparen: vom Kauf von Energiesparlampen bis hin zum Einschrauben von Energiesparlampen, die Sie dann gar nicht erst anschalten, weil sie ohnehin nicht hell genug sind.

Übrigens ist es leichter, beim Verbrauch zu sparen, bevor Sie mit jemandem zusammenziehen. Weil Ihnen dann nämlich niemand übertriebenen Geiz vorwerfen kann, wenn Sie hier und dort ein paar Cents zu sparen versuchen, indem Sie im Dunkeln sitzen oder beim Duschen pinkeln. Den Energieverbrauch eines Paares zu reduzieren, ist schon deshalb viel schwieriger, weil eine Hälfte des Paares häufiger vergisst, Lampen, Kochplatten und Heizkörper auszuschalten. Diese manchmal erschreckende Vergesslichkeit zwingt dann einen Partner, hinter dem anderen herzuschleichen, Lichtschalter, Herdknöpfe und Heizungsregler zu betätigen, sich also wie das langweiligste Gespenst der Welt aufzuführen.

Wenn Sie sich noch nie über die Verschwendung Ihres Partners aufzuregen brauchten, dann herzlichen Glückwunsch: *Sie* sind es, über den man sich ärgern muss.

PROFI-TIPP: WIE MAN DEN FÜHRERSCHEIN MACHT

Wenn Miete und monatliche Rechnungen kein ausreichend großes Loch in Ihr Bankkonto reißen, ist Autofahren vielleicht das Richtige für Sie. Doch bevor Sie fahren dürfen, müssen Sie zunächst die Führerscheinprüfung bestehen. Das kann unglaublich stressig sein, denn noch nie zuvor in Ihrem Leben hat ein Wildfremder schräg hinter Ihnen gesessen und zu entscheiden versucht, ob Sie womöglich jemanden umbringen werden oder nicht.

Und, werden Sie? Finden wir es heraus.

Erster Schritt: Nervosität reduzieren

Linker Fuß, rechter Fuß, hupen, hupen, parken. Autofahren ist ganz leicht. Beim Bestehen der Prüfung kommt es also vor allem darauf an, die Prüfungsangst zu beherrschen, und das auf normalen Straßen, wo andere Leute hochschwangere Frauen ins Krankenhaus fahren. Aber machen Sie sich nicht zu viele Gedanken: Vergessen Sie nicht, dass alle motorisierten Verkehrsteilnehmer einmal Fahren gelernt haben und sich darum in Ihrer Nähe ganz vorsichtig verhalten werden. Beruhigen Sie sich: Sie fahren ein Auto, auf dessen Motorhaube, Seitentüren und Heckscheibe in riesigen Buchstaben FAHRSCHULE steht. Niemand erwartet, dass Sie anständig fahren!

Zweiter Schritt: Cool wirken

Wichtig ist, dass Sie vermeiden, übermäßig verängstigt zu wirken, wenn Sie Anfängerfehler begehen wie an Kreuzungen zu lange zögern, zu spät bremsen oder den Motor abwürgen.

Wenn Ihnen ein solcher Fehler unterläuft, wenn Sie also den Motor abwürgen, *geraten Sie nicht in Panik*. Instinktiv möchten Sie vielleicht hektisch in alle Richtungen tasten, auf alle Pedale treten und würden somit auf der Suche nach dem Zündschlüssel die Scheibenwischer anschalten. Viel besser ist es, tief Luft zu holen, die Fassung zu bewahren und Ihrem Prüfer dann ganz ruhig zu sagen, dass dies kein Fehler war, sondern eine absichtliche Demonstration Ihrer Kenntnis grundlegender Techniken des Kraftstoffsparens.

Bleiben Sie also einfach mehrere Minuten mit abgestelltem Motor auf der Straße stehen und erklären Sie Ihrem Prüfer und Ihrem Fahrlehrer, dass Sie sich aus ökologischen Gründen verpflichtet fühlen, gelegentlich den Motor abzustellen. Wenn andere Verkehrsteilnehmer beginnen, zu hupen und wütend zu fluchen, lassen Sie einfach das Seitenfenster herunter und erinnern sie an ihre Pflichten gegenüber der Umwelt: *«HEY, LEUTE! WIR HABEN NUR EINEN PLANETEN!»*

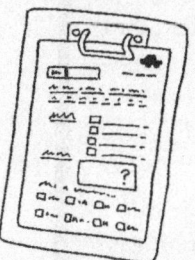

Dritter Schritt: Empathie wecken / Dem Prüfer schmeicheln

Führerscheinprüfer sind mit großer Sicherheit ebenfalls Menschen, und daher ist es wahrscheinlich, dass auch sie anfällig sind für Schmeicheleien, emotionale Erpressung und sexuelle Avancen. Wenn möglich, bringen Sie den Prüfer dazu, über sich selbst zu sprechen, Empathie Ihnen gegenüber zu entwickeln, sich von Ihnen angezogen zu fühlen – oder im Idealfall eine Kombination aus allen drei Aspekten.

Achten Sie jedoch darauf, es nicht zu übertreiben, denn Sie beide sitzen immer noch gemeinsam in einem Fahrzeug. Folgendes Beispiel könnte also in Richtung Gefährdung von Leib und Leben gehen:

«Darf ich Ihnen zunächst mal sagen, wie enttäuschend ich es finde, dass die meisten Menschen nicht begreifen, was für ein wichtiger Beruf der des Führerscheinprüfers ist? Sie werden viel zu wenig geschätzt, und ich kann Ihnen versichern, ich weiß, wovon ich rede, denn ich bin Vollwaise ... Nein, ich habe keinen Schlag gehört ... aber mal ehrlich: Ganz unabhängig davon, dass ich Waise bin, ich halte Führerscheinprüfer, erst recht so attraktive, sympathische und intelligente wie Sie, für die wahren Helden unserer Gesellschaft ... Nein, ich kann keine Schreie hören ... Okay, okay, Notbremsung ... Mann, das ist ja eine verrückte Fahrt, was? Sie sind wirklich großartig, können Sie hier auf meinen Brüsten unterschreiben?»

WIE MAN AUTO FÄHRT

Öffentlicher Individualverkehr

Autofahren ist die langweiligste aller menschlichen Tätigkeiten, und wer jetzt sagt: «Aber nein, ganz im Gegenteil!», der hat offensichtlich noch nichts Besseres zum Anschauen gefunden als endlose Kilometer immergleicher langweiliger grauer Straßen.

Sicher, Autofahren hat das Potenzial, Spaß zu machen, wenn man seinen Kopf nur gefahrlos in eine andere Richtung drehen könnte als zur Heckpartie immergleicher, langweiliger grauer Autos. Aber so wie das Autofahren momentan funktioniert, muss man vor allem *still sitzen, geradeaus gucken, die Arme vor sich ausgestreckt halten wie ein ausrangierter Roboter und die vielen hübschen Teile der Welt verpassen, die an einem vorbeiziehen.*

Aber davon kriegt man nichts mit, weil man gezwungen ist, die ganze Zeit einen saukomischen Aufkleber mit dem Spruch *«Hupen Sie, wenn Sie Lärm mögen!»* anzuglotzen.

Doch selbst dieser Spaß nutzt sich mit der Zeit ein bisschen ab, wenn Sie vier Stunden lang im Stau dahinter stehen, wenn die Worte jeden Sinn verloren haben, wenn Ihr Hirn bloß noch eine gelangweilte, geschmolzene Masse ist, die vergeblich versucht, Ihnen wieder Sinn einzuhauchen. *«Hupen. Hupe? Hup, hup. Hup? Hupe? Hupen? Hupen, hupen, hupen. HUUUP!»*

Das Dumme ist, dass Sie beim Autofahren eigentlich auf keinen Fall so gelangweilt sein sollten, weil Sie *mit tödlicher Geschwindigkeit in einem explosiven Metallgeschoss* unterwegs sind. Eine wichtige Überlebenstechnik ist daher, sich selbst *«on the road»* zu unterhalten und zu beschäftigen.

Improvisieren

Wenn Sie fertig sind mit «Fahren lernen», wenn Sie also einer Fahrschule viele Monate und Hunderte von Euros geopfert haben, um eine behutsame, sichere, zivilisierte und kontrollierte (will sagen: langweilige) Version des Autofahrens zu erlernen, dürfte es kaum eine Woche dauern, bis Sie dieses nervtötende Schneckentempo verabscheuen und sich stattdessen für ein spontanes Fahrverhalten entscheiden – versuchen und scheitern, wieder versuchen, besser scheitern.

Wenn sich das ein wenig riskant anhört, denken Sie nur daran, dass womöglich genau dafür das Warnblinklicht erfunden wurde. Von Ihnen wird praktisch erwartet, dass Sie die akademischen Aspekte des Autofahrens nach einer Weile vergessen haben – zum Beispiel was die Schilder bedeuten, ob eine weiße Schlangenlinie als Fahrbahnmarkierung «Stopp, oder Sie werden sterben» bedeutet oder vielmehr «Weiterfahren, oder Sie werden sterben». Wenn Sie also einen Augenblick Zeit brauchen, weil Sie keine Ahnung haben, was zum Teufel hier los ist und was Sie als Nächstes machen sollen, können Sie sich einfach entspannen und den immer hilfreichen Warnblinker setzen.

So wie ein schlechter Handwerker die Schuld immer auf sein Werkzeug schiebt, wird ein verwirrter Fahrer die Schuld immer auf das Auto schieben. Wann immer Sie im Begriff sind, etwas absolut Dämliches, Spontanes oder Irrationales zu tun, zögern Sie nicht, den Warnblinker einzuschalten, um die übrigen Verkehrsteilnehmer davon in Kenntnis zu setzen: «Hey, ihr. Macht euch keine Sorgen um mich. *Bloß so Autokram.* Haltet einfach Abstand, erwartet das Unerwartete, dann kommen wir alle lebend hier raus.»

Wenn Sie den Warnblinker setzen, gilt mehr oder weniger die Übereinkunft, dass für Sie die normalen Regeln nicht mehr gelten. Während Sie also planlos die Spuren wechseln, mitten im Kreisverkehr anhalten oder unvermittelt bremsen, um Hinweisschilder zu lesen, wird Ihr aufleuchtender Warnblinker andere Fahrer freundlich informieren: «Alles cool. Der Typ weiß, was er tut, bloß sein Wagen spinnt ein bisschen.» Wenn die Leute anfangen, Sie zu überholen, zu hupen, den Vogel zu zeigen oder beim Ausweichen im Graben zu landen, schauen Sie einfach ungläubig, zucken Sie mit den Achseln, heben Sie die Handflächen und ziehen Sie ein Gesicht, das in etwa ausdrückt: *«Verflixte Autos, was? Unglaublich!»*

Fantasieren

Um den Spaßfaktor beim Fahren nicht unnötig einzuschränken, sollten Sie die Verkehrsregeln und Straßenschilder nur als *Vorschläge* betrachten. Und wenn Sie sich einmal das Verhältnis von Verkehrspolizei zu Verkehrsteilnehmern klar machen, eröffnen sich sofort zahlreiche Möglichkeiten, den Fahrspaß ungestraft zu erhöhen:

	Verkehrsregel	Verkehrsvorschlag
Verkehrs-zeichen	Müssen befolgt werden	Können größtenteils ignoriert werden. Wenn sie sooo wichtig wären, würden sie sich doch nicht solcher kryptischer und leicht zu verwechselnder Symbole bedienen, oder?
Zebrastreifen	Anhalten, wenn jemand die Straße überqueren will	Anhalten, wenn jemand die Straße überqueren will, es sei denn, der oder die Betreffende sieht unsympathisch oder gemein aus
Geschwindig-keit	Begrenzung	Mindestanforderung, damit man nicht überholt wird
Hupe	Andere Verkehrsteilnehmer warnen oder auf das Nähern Ihres Fahrzeugs hinweisen	«DU IDIOT! WIE KANNST DU ES WAGEN, SO EINEN FEHLER ZU MACHEN!!!»
Hände	Sollten immer in der Position «zehn vor zwei» auf dem Lenkrad liegen	Sind dazu da, um SMS zu schreiben, Kaffee zu trinken, Zigaretten zu drehen, Zigaretten zu rauchen, um im Handschuhfach nach dem Navi zu suchen das Navi fallenzulassen, unterm Sitz nach dem Navi zu tasten, um im Krankenhaus aufzuwachen, usw.

Fahren macht umso mehr Spaß, je mehr Dinge Sie dabei simultan tun. *Eigentlich* brauchen Sie doch nur einen Arm, um Auto zu fahren, also sollte der andere stets mit etwas Unterhaltsamerem beschäftigt sein: einer Eiswaffel, einem Schachbrett, einem Megafon. Ein Fuß sollte immer frei sein, um irgendwelche verrückten Rhythmen mitzutappen. Ihren Geist binden Sie am besten mit ins Reiseunterhaltungsprogramm ein, indem Sie sich verschiedene «Fahrspiele» ausdenken – von ganz einfachen wie dem Versuch, eine gesamte Autofahrt lang ohne Berührung des Bremspedals auszukommen (das wichtige Stichwort hier lautet «Versuch»), bis zu komplexeren Aufgaben: Wie viele Teile Ihres Körpers können Sie aus dem Fenster halten, ohne dabei die Kontrolle über das Fahrzeug zu verlieren?

Hier ein paar Klassiker des Genres «Fahrspiele»:

«Navi-Challenge»: Notieren Sie sich die «voraussichtliche Ankunftszeit» Ihres Navigationsgerätes und versuchen Sie dann, das bescheuerte Gerät Lügen zu strafen, indem Sie viel zu schnell fahren. Spielziel ist es, dass Ihr Navi sich so dämlich und planlos vorkommt wie möglich.

«Spurblocker»: Ziel dieses Spiels ist es, auf der Autobahn niemanden an sich vorbeiziehen zu lassen, wobei der Reiz sich mit jeder zusätzlichen Fahrspur erhöht. Wenn ein Fahrzeug Sie überholt, ehe Sie vor ihm ausscheren können, verlieren Sie einen Punkt/ein Leben.

«Gelbes Auto»: Immer, wenn jemand ein gelbes Auto sieht, muss er oder sie laut die Frage rufen: «Wo ist denn der Opa wohl?» Wer als Letzter «Auf dem Dach!» antwortet, muss ein Kleidungsstück ablegen. Gewinnen kann nur, wer gar nicht erst mitspielt.

«Polizei jagen»: So ähnlich wie «Fangen spielen». Das Spiel

beginnt damit, dass Sie die Polizei verfolgen, irgendwann sind Sie dann «dran» und die Polizei verfolgt Sie. Je länger die Verfolgung andauert, desto größer wird die Wahrscheinlichkeit, dass die Polizei mit zusätzlichen Autos und/oder Helikoptern schummelt. (Nicht vergessen: ACAB = All Cops Are ~~Bastards~~ Betrüger.)

Beim Fahren bietet sich auch die großartige Gelegenheit, vernachlässigte Pflichten zu erledigen, zum Beispiel inkriminierende Papiere zu schreddern oder Kontakte mit Verwandten zu pflegen. Gibt es einen besseren Zeitpunkt, Menschen anzurufen, mit denen man nicht reden möchte, aber gesellschaftlich dazu verpflichtet ist? Nicht nur haben Sie eine legitime Ausrede, nur mit halbem Ohr zuzuhören, nein, wenn das Gespräch auf einmal noch langweiliger wird als die Fahrt, können Sie es mit dem klassischen, immer verlässlichen Satz beenden: «Oh, Augenblick, ich fahre gerade in einen Tunnel.»

Herabstufen

Besonders langweilig ist es, ein schönes, teures, glänzendes Auto zu fahren. Ständig müssen Sie sich Sorgen machen, dass ein Fremder daran vorbeigehen und den Lack zerkratzen könnte. Und *dann* müssen Sie auch noch befürchten, dass irgendwelche verfluchten Ganoven es nachts mit einem Kran oder einem Riesenmagneten stehlen könnten. Und DANN – das ist das Schlimmste – müssen Sie sich auch noch sorgen, dass Sie einen Unfall bauen könnten, worüber sich Leute mit alten Mistkarren nie Gedanken machen (manchmal bauen die sogar nur aus Spaß Unfälle).

Es liegt also auf der Hand, dass es sehr viele Vorteile hat, eine alte Mistkarre zu fahren: Das Diebstahlsrisiko ist viel geringer und die Versicherung billiger. Der größte Vorzug ist jedoch, dass Sie sich um eine alte Mistkarre einfach nicht viele Gedanken machen müssen. Bodenschwellen, Bordsteinkanten, Einkaufswagen, Kratzer, Hagel, Rost und Vogeldreck – das sind alles Probleme anderer Leute.

Autopflege

Es ist gesetzlich vorgeschrieben, dass man seine alte Mistkarre mindestens alle zwei Jahre in eine Werkstatt bringen muss, wo an ihr herumgeschraubt wird, bevor ein Prüfer sie auf Verkehrstauglichkeit testet. Das Herumschrauben wird meistens so erledigt, dass das Auto zwar den Test besteht, im Folgenden aber noch mehr Herumschrauben nötig hat.

Bei der Bezahlung dieser Reparaturen müssen Sie sich darauf einstellen, dass die Werkstatt die Rechnung mithilfe von sogenannter «Mechaniker-Mathematik» erstellt hat.

Dabei wird jeder noch so kleine Schaden mit der Höchstsumme multipliziert, die die Beseitigung des Schadens unter der Voraussetzung kosten würde, dass Sie nicht die geringste Ahnung von Automechanik haben. So kann man aus einem verbogenen Scheibenwischer die Kosten eines «federgetriebenen Tunnelzug-Rückholspanners» extrapolieren, die «Doppelkolben-Flügelmutter-Verlängerung» austauschen sowie eine Handvoll «reibungsmindernde Motoren-Unterschmierung» direkt vom Hersteller ordern. Sie müssen sich das ungefähr wie den Klang einhändigen Klatschens vorstellen. Ergibt keinen Sinn, aber es kostet Sie trotzdem Geld?

Die Antwort lautet: Ja.

WIE MAN GELD VERDIENT

Die Finanzwelt ist ein Club. Wenn Sie nichts verstehen, gehören Sie nicht dazu.

Jede Menge Geld zu haben ist ziemlich sicher fantastisch, und trauen Sie niemandem, der Ihnen etwas anderes einreden will von «Wurzel allen Übels», «... regiert überhaupt nicht die Welt», «... schießt keine Tore», «lasst uns alle Kartoffeln pflanzen und miteinander tauschen», «mein Königreich für ein Pferd» und dergleichen Hippie-Blumenkinder-Gutmenschen-Jesus-Zeitgeist-Quatsch. Solche Leute sind wahrscheinlich bloß mit dem zufrieden, was sie haben. Und wahrscheinlich sind sie nur deshalb mit dem zufrieden, was sie haben, weil sie nicht drauf kommen, wie sie noch mehr kriegen können.

Nein, nein, nein, *viel Geld zu haben* macht definitiv glücklicher. Das Problem ist: *Der Versuch, viel Geld zu kriegen,* macht nicht so glücklich, denn es ist schwierig und erfordert anstrengende Voraussetzungen wie hart arbeiten und vernünftig sein.

Wenn Sie also nicht so clever waren, reich geboren zu werden, müssen Sie sich wahrscheinlich auf das gewöhnliche Langsam-reich-werden-Projekt der modernen Erwachsenenwelt einlassen. Zum Glück ist Reichtum ein ziemlich relativer Begriff, Sie können ihn also viel schneller erreichen, wenn Sie sich nicht allzu sehr um das Urteil anderer scheren.

$$ SCHNELL REICH WERDEN!!! DAS ERSTAUNLICHE GE-HEIMNIS, WIE SIE SEHR SCHNELL ZU SEHR VIEL GELD KOM-MEN!!! NIEMAND SONST WIRD ES IHNEN VERRATEN!!! $$

Wenn Sie in einer sehr reichen Gegend wohnen, wird Ihnen das Schnellreichwerden eher schwer fallen. Denn dann sind Sie aktuell ein kleiner Fisch in einem großen Teich, in dem lauter ziemlich reiche Leute herumschwimmen. Was Sie jetzt am besten tun sollten: Nehmen Sie all das Geld, das Sie haben, und ziehen Sie in einen kleineren, viel ärmeren Teich. Dort wird Ihnen die gleiche Menge Geld sofort sehr viel größer erscheinen.

Es gibt keine schnellere und bequemere Art, reich zu werden, als *relativ* reich zu werden!

Wenn Sie allerdings erst einmal damit anfangen, können Sie leicht auf eine schiefe und rutschige Ebene geraten. Sozusagen ein Wettrennen nach ganz unten. Zuerst ziehen Sie bloß in ein billigeres Stadtviertel, als Nächstes in eine billigere Stadt, dann in ein billigeres Land, und ehe Sie sich's versehen, kaufen Sie ein grotesk überdimensioniertes Landhaus in einem von Bürgerkrieg zerrissenen «Failed State» und bewaffnen die eine Hälfte der Dorfbevölkerung, um Sie und Ihr relatives Vermögen vor der anderen Hälfte zu schützen.

Weniger brauchen

Das übliche Leitziel des modernen Erwachsenendaseins scheint es zu sein, immer größere Mengen Geld zu verdienen. Diese Strategie ist jedoch recht riskant, denn mit dem wachsenden Wohlstand geraten Sie in gefährliche Nähe zu schrecklichen Dingen wie Verantwortlichkeiten, Pflichten, Einbrechern und Steuerprüfern. Außerdem wird jede Zunahme Ihres Verdienstes fast unvermeidlich von dem gleichzeitigen *Anstieg Ihres Lebensstandards* aufgefressen werden – was Sie mehr aufs Konto kriegen, wird Ihnen auf geheimnisvolle Weise von Restaurants, Hotels und Fluggesellschaften wieder entzogen.

Wenn Sie also ein alternatives, aber dem Reichwerden ähnliches Ziel suchen, sollten Sie sich darauf konzentrieren, immer weniger Dinge zu *brauchen*. Das ist im Allgemeinen leichter, denn dafür müssen Sie lediglich eine Liste all der Dinge erstellen, die Sie derzeit im Leben benötigen, von den teuersten bis zu den billigsten, und sich dann allmählich und planvoll immer weniger aus all diesen Sachen machen. Was schenkt man einem Menschen, der schon alles hat? Ist doch klar: einen Mülleimer.

Ob es nun um Ihre Gesundheit oder Ihr Äußeres geht oder um den Wert Ihrer Besitztümer im Vergleich zu denen anderer Leute – Sie können immer mehr von Ihrem Budget zusammenstreichen, das ja nur deshalb so hoch ist, weil es Ihnen noch was ausmacht. Sie können sogar eine ganz eigene Philosophie des «Nichts-draus-Machens» entwickeln. Ob Sie nun Ernährungsapathie, modische Ignoranz, gesellschaftliche Nonchalance, achtloses Zeitmanagement, desinteressiertes Urlauben, spirituelle Unbedarftheit, Wohnungsnihilismus oder einfach nur hygienische Gleichgültigkeit bevorzugen, das Reduzieren der Ausgaben lässt sich viel leichter erreichen als ein Anstieg der Einkünfte, kann aber die gleiche finanzielle Wirkung erzielen.

Verantwortungsbewusste Bankgeschäfte

Man sollte meinen, dass Banken von ihren Kunden ein gewisses Maß an Reife und Vernunft erwarten. Aber nein, sie stecken voller Geld und geben Ihnen gerne etwas davon, Sie müssen nur darum bitten. Wie soll das bitte schön vernünftiges ökonomisches Verhalten befördern?

Welche durchgedrehte Institution würde Ihnen schließlich zwei identische Plastikkarten aushändigen – eine EC-Karte und eine Kreditkarte – und Sie dazu auffordern, einfach immer die zu verwenden, die Sie gerade verwenden möchten? Wer will denn schon Geld ausgeben, das er tatsächlich aktuell hat, wenn er stattdessen Geld ausgeben kann, das er irgendwann in der Zukunft eventuell haben könnte? Das ist doch fast zu schön, um wahr zu sein!

Natürlich werden Sie eines Tages begreifen, dass die Finanzstrategie Ihrer Bank nicht so sehr auf Vertrauen, Optimismus, Zuneigung und Hoffnung beruhen. Nein, in Wirklichkeit findet die es ganz in Ordnung, dass Sie Schulden machen. Das hat die Bank nämlich die ganze Zeit geplant, seitdem Sie als Teenager Ihr erstes Konto dort eröffnet haben, weil es gratis war und ein lustiges Geschenk dazu gab, so was wie einen Toaster-Wecker, den man auch als Hut tragen kann. In Wirklichkeit wollte die Bank bloß erreichen, dass Sie auch 30 Jahre, 4 Kreditkarten, 3 Geschäftskredite, 2 Dispokredite und 1 Hypothekenkredit später noch ihr Kunde sind, und das nur aus einem einzigen Grund: Ihre unfassbare Faulheit. *Grrr, die bösen Banken!*

Um zu verhindern, dass Sie Ihrer Bank mehr Geld geben als unbedingt nötig, sollten Sie das Geldinstitut im Geist angemessen verteufeln und dämonisieren. Anstatt die Bank als langweilige, neutrale Einrichtung zu betrachten, die den Geldverkehr zwischen Kreditnehmern und Kreditgebern vermittelt, sollten Sie sich einreden, dass die Bank ständig und überall Ihr

Geld zu stehlen versucht. Diese Art von Paranoia funktioniert noch besser, wenn Sie für Verschwörungstheorien empfänglich und somit in der Lage sind, Banken als Außenstellen der *Satanischen Neuen Weltordnung der Illuminaten* zu betrachten. *Grrr, die bösen Banken!*

Wenn Sie sich im Geiste weit genug von der alltäglichen Bankenrealität entfernt haben, müssen Sie Ihre Überziehungs- und Kreditzinsen nicht mehr als ganz natürliche Kosten des Geldverleihgeschäfts betrachten, sondern können sich vorstellen, dass jeder unnötige Euro, den Sie Ihrer Bank geben, ihr nur dabei hilft, einen eigenen Todesstern zu bauen.

Haushalten

Am leichtesten lässt sich mit Geld umgehen, wenn man keins hat. Doch das ist ungefähr so erfreulich wie Fußball zu «spielen», indem man bloß vor dem Stadion sitzt und seine Schnürsenkel anstarrt. Viel besser ist es also, etwas Geld in sein Leben zu bringen, zugleich aber auch den Umgang damit zu lernen, mithilfe eines langweiligen Verfahrens namens *Haushalten*.

Gott sei Dank ist Haushalten genauso einfach wie öde. Zuerst müssen Sie ausrechnen, wie viel Geld Sie genau verdienen. Dann ziehen Sie davon genau den Betrag ab, den Sie ausgeben. Und schlussendlich versuchen Sie diese beiden Zahlen dauerhaft im Gleichgewicht zu halten. Wenn das Ergebnis der Subtraktion *null* lautet: Herzlichen Glückwunsch! Sie können erfolgreich haushalten und sind jetzt ganz genau: *arm*.

Das sollte Ihnen kein Kopfzerbrechen bereiten. Tatsächlich haben die meisten Milliardäre ihr erstes Unternehmen in einer Garage gegründet und alle Aktien wieder verkauft, noch ehe sie ihren zweiten Pullover erworben hatten. Arm zu sein ist bloß eine Tankstelle an der Autobahn zum Reichtum, denn große

Mengen an Willenskraft erzeugt man im Notfall zuverlässig dadurch, dass man sich dem kompletten finanziellen Ruin nähert oder ihn gar erreicht. Letztlich ist Willenskraft bloß Panik mit Perücke. Furchteinflößende Konsequenzen schaffen die größten Anreize, und nichts sagt so laut «Jetzt aber los!» wie ein Gerichtsvollzieher, der sich mit Ihrem Kühlschrank aus dem Fenster abseilt. Gott segne Amerika!

Geizig sein und Sparen lernen

Wenn Sie am Ende eines jeden Monats mehr haben wollen als genau null, sollten Sie an jedem Bisschen Geld, das Sie verdient, gefunden, erbettelt, gestohlen oder geliehen haben, unerbittlich festhalten und es nur selten, widerwillig, zögernd und grollend wieder aus der Hand geben. Es ist natürlich möglich, dass die Menschen in Ihrer Umgebung mit dieser Politik Probleme haben und wenig hilfreiche Kommentare abgeben: «Sei doch nicht so knauserig!» oder «Kaufen Sie Ihren Kindern Schuhe, sonst rufe ich die Polizei!»

Ignorieren Sie das. Wenn diese Leute nicht gerade einen mit Blattgold überzogenen Spazierstock schwingen oder einen Mantel aus Mammutpelz tragen, dürfen Sie deren Autorität in solchen Fragen getrost in Zweifel ziehen.

Wenn Sie ganz besonders geizig sind, kommen Sie vielleicht bald in die Lage, dass Sie das Geld nicht so schnell wieder loswerden, wie es hereinkommt, und damit werden Sie ganz unabsichtlich zum *Sparer*.

Ersparnisse sind eine Art Geldrest, den Sie in der Gegenwart nicht nutzen, damit Sie ihn in der Zukunft verwenden können. Doch solange der richtige Zeitpunkt, an dem Sie das übrig gebliebene Geld abheben und damit etwas Impulsives, Dekadentes anstellen, noch nicht gekommen ist, dienen Ihre Erspar-

nisse hauptsächlich als numerische Messlatte Ihrer Selbstzu-
friedenheit. Je größer Ihre Ersparnisse sind, desto selbstgefälliger und unerträglicher können Sie sich Ihren ärmeren
Freunden gegenüber verhalten.

Schulden: Ein abschreckendes Beispiel

BOB	GELD-TRANS-FER	KONTO-STAND
Bob hat kein Geld, würde sich aber gern ein leckeres Heißgetränk für einen Euro kaufen.		0,00 €
Bob leiht sich 1 € von seiner örtlichen Bank, um ein leckeres Heißgetränk zu kaufen.	- 1,00 €	- 1,00 €
Die Bank leiht Bob 1 €, berechnet aber 1 € «Zinsen» pro Tag für die Überziehung des Kontos. Weil Bob ein wenig chaotisch ist, bemerkt er das erst nach 9 Tagen. (Sein Heißgetränk ist inzwischen kalt.)	- 10,00 €	- 10,00 €
Bob macht sich Sorgen wegen seiner steigenden Bankschulden, also besorgt er sich rasch eine Kreditkarte, um sie abzuzahlen. Seine Kreditgeber leihen ihm 10 €, berechnen dafür aber 10 € Zinsen pro Tag. Zum Glück hat Bob seine Lektion schon beinahe gelernt und bemerkt es bereits nach 8 Tagen. Gut gemacht, Bob!	- 90,00 €	- 90,00 €

Bob besorgt sich eine zweite und dritte Kreditkarte, um die erste Kreditkarte zu finanzieren. Natürlich macht er auch diesmal ungefähr die Fehler, die wir inzwischen von ihm erwarten, und eine Woche später steckt er ziemlich in der Klemme. O je.	- 871,11 €	- 971,11 €
Im Nachmittagsfernsehen sieht Bob einen Werbespot für ein Unternehmen mit dem womöglich verdächtigen Namen *SofortKnete*!!! Maskottchen des Unternehmens ist ein verrücktes Zeichentrickhuhn, das Bob anbietet, alle seine Schulden in einen einzigen Kredit mit monatlicher Tilgungsrate von nur 100 € umzuwandeln!	- 100,00 €	- ??? €
Bob bekommt das erste Schreiben, nachdem er bei *SofortKnete*!!! unterschrieben hat. Leider stellt sich heraus, dass Bob einen sogenannten «ruinösen Kredit» aufgenommen und versehentlich eingewilligt hat, 89 000 Prozent Zinsen pro Tag darauf zu zahlen, was eine Art ewiger Steuer auf Bobs ein wenig chaotische Lebensführung darstellt.	- 100,00 €	- 312859654 911971,11 €
Bob stirbt. Wie sich herausstellte, war das leckere Heißgetränk gar kein leckeres Heißgetränk, sondern hoch giftiges flüssiges Uran. Bobs Schulden werden freundlicherweise vom Steuerzahler beglichen. Lebwohl, Bob.		- 74841306 96093121 92h94960 607(2)181 8932716 16,11 €

WIE MAN EIN FORMULAR AUSFÜLLT

Willkommen im Leben, junger Mensch! Bitte hier unterschreiben.

Wenn man Kind ist, gibt es nicht besonders viele wichtige Dokumente. Sicher, man bekommt ab und zu ein Schulzeugnis, hier und da ein Attest vom Arzt, dass Ihnen ein Zahn gezogen wurde, und natürlich das Seepferdchen-Frühschwimmerabzeichen, aber dieser flache Aktenstapel wird normalerweise von Ihren Eltern verwaltet. Die einzigen Dokumente, die für Sie zählen, sind mit Fingerfarben beschmiert und werden mit Dino-Magneten an den Kühlschrank geheftet.

Mit dem Eintritt in das Erwachsenenalter wird Ihnen plötzlich klar, dass Ihre gesamte Existenz offiziell null und nichtig ist, wenn sie nicht Schwarz auf Weiß nachgewiesen, in eine Datenbank eingegeben und in einem Diagramm dargestellt werden kann. Was noch schlimmer ist: Sie werden freundlich gebeten, sich um all diese Dokumente zu *kümmern* und sie *wichtig zu nehmen*, wo doch allen Menschen völlig klar sein sollte, dass Sie ein kleines Zauberwesen auf einem kleinen Zauberplaneten sind und viel lieber auf der Wiese Schmetterlingen nachjagen würden als eine Einkommenssteuererklärung auszufüllen.

Wollen Sie beim Ausfüllen von Formularen Ihre Persönlichkeit bewahren, ist es unerlässlich, sie so spät, so schlecht und so widerwillig wie nur irgend möglich auszufüllen. Um die besten Ergebnisse zu erzielen, sollten Sie sich hauptsächlich auf die Wahl der richtigen Stiftfarbe konzentrieren und dann so unbekümmert durch das Dokument torkeln wie ein tapsiger Trunkenbold auf der Hochzeitsparty.

(Keine Sorge, das Kleingedruckte ist nur deshalb so klein, weil es vollkommen irrelevant ist.)

Personendaten

Wenn ein Formular in Ihr Leben eingedrungen ist, weiß es offensichtlich schon, wer Sie sind. Menschen, die in der Wildnis leben und Namen wie «Wanda aus dem Wald» tragen, kriegen keine Formulare durch den Briefschlitz geschoben. Und zwar, weil die Welt weiß, dass sie von Menschen namens «Wanda aus dem Wald» nicht viel zu erwarten hat. Darum versucht sie es bei denen gar nicht erst.

Doch auch wenn das Formular schon weiß, wer Sie sind, wird es trotzdem als Erstes wissen wollen, was Sie sind. Zu diesem Zweck wird das Formular Ihnen normalerweise eine hilfreiche Reihe von Ankreuzkästchen anbieten. Damit erfragt das Papier Ihr Geschlecht, Ihre Nationalität, Herkunft, Alter, Religionszugehörigkeit und/oder sexuelle Orientierung, ohne sich mit allzu exzentrischen Antworten wie «Mensch» oder «Wir sind alle eins» herumschlagen zu müssen.

Formulare mögen keine übertriebene Spiritualität. Stattdessen müssen Sie versuchen, sich so wissenschaftlich wie möglich zu analysieren und zu quantifizieren, indem Sie sich zwischen verschiedenen Etiketten entscheiden. *Was für Geschlechtsteile besitzen Sie? Ganz genau welche Pigmentfarbe hat Ihre Haut? Wie oft haben Sie bisher die Sonne umrundet? Welche der unten aufgeführten metaphysischen Annahmen kommen Ihrer Glaubensvorstellung vom Fundament unserer Wirklichkeit am nächsten?*

- ☐ *Gott*
- ☐ *Götter*
- ☐ *Keine Götter*
- ☐ *Vielleicht Gott?*
- ☒ *Andere (bitte angeben):* <u>Jedi Muggel Chakra</u>

Keine Angst vor solchen scheinbar aufdringlichen Fragen, denn sie dienen keinem tatsächlichen Zweck. Die Antwort darauf ist nur deshalb verpflichtend, damit die Informationen gesammelt, geordnet und später in PowerPoint-Präsentationen der Bezirksverwaltung präsentiert und ignoriert werden können, die so schöne Titel tragen wie «*Brauchen schwule Teenager mit Migrationshintergrund mehr vegane Synagogen? – Ein umfassender Bericht vom Institut für Formularwesen*».

Spezifische persönliche Identifikationsnummern

Bevor Personendaten in eine Datenbank eingegeben werden können, müssen sie zunächst in Robotersprache übersetzt werden. Wenn Sie einem Computer erzählen, dass Sie Johann Nepomuk Schnickschnack heißen, hat er keine Ahnung, wer Sie sind oder was er mit Ihnen anfangen soll. Wenn Sie ihm jedoch mitteilen, Ihre Benutzerkennung laute *83670153*, wird er sofort wissen, wer Sie sind, zufrieden piepen und sich an alles erinnern, was Sie ihm seit Ihrer Geburt erzählt haben.

Das Schöne beim Ausfüllen von Formularen, die nur von Maschinen gelesen werden: Sie können Computer in erstaunlich hohem Maß anlügen. Roboter sind unglaublich gutgläubig. Nur eins ist wichtig, wenn Sie Computer anlügen: Sie sollten *konsistent* lügen, Roboter haben nämlich auch hervorragende Gedächtnisse. Wenn Sie also einer Datenmaschine plötzlich erzählen, Sie seien nicht 83670153, sondern 83670154, dann werden sofort bewaffnete Männer zu Ihrem Wohnsitz entsandt.

Kontaktdaten

In diesem Abschnitt möchte das Formular Informationen von Ihnen, mit denen es seine Beziehung zu Ihnen auch in Zukunft fortsetzen kann. Bevor Sie nun liebevoll sämtliche intimen Einzelheiten auf das Blatt kritzeln, überlegen Sie gut, ob Sie wirklich wollen, dass das Formular weiß, wie und wo es Sie finden kann. Im Allgemeinen ist es am sichersten, sich allen Formularen gegenüber automatisch extrem paranoid und ängstlich zu verhalten. Manche Formulare sind natürlich schlicht notwendige, harmlose Bürokratie, doch die meisten, das weiß doch jeder, werden von den Institutionen des unendlich Bösen gesandt, um Ihnen jeglichen Spaß zu verderben, all Ihr Geld wegzunehmen und dann Ihre Großmutter zu beschlagnahmen.

Wenn Sie trotz alledem eine dauerhafte Beziehung mit dem Formular eingehen wollen, dann sollten Sie ihm Ihre tatsächliche Telefonnummer, Ihre reguläre Adresse, Ihre Kontonummer, ein Foto Ihrer Großmutter und eine lange Liste all Ihrer Freunde und Bekannten geben. Wenn Sie aber meinen, es werde mal eine Zeit kommen, da Sie womöglich nicht mehr wollen, dass das Formular Sie für den Rest des Lebens aufspüren kann, dann sollten Sie die Telefonnummer von jemand anderem, die Adresse eines Schnellimbisses und die Nummer Ihres Bibliotheksausweises angeben, dazu das Foto einer Meerkatze mit alberner Großmutterbrille und eine kurze Liste von ausgedachten Personen anhängen.

Anderes (bitte angeben) ...

Sobald Sie diese Worte auf einem Formular lesen, ist es Zeit, die Lautsprecher aufzudrehen, den Tequila aufzumachen und sich mit Fingerfarben anzumalen. Jetzt wird es witzig.

Dies ist normalerweise der unterhaltsamste Teil eines jeden

Formulars, denn er appelliert direkt an Ihre Kreativität. Eigentlich fragt das Formular an dieser Stelle: «Sind Sie eine dieser von uns vorformulierten Optionen, oder sind Sie etwas Neues, Anderes, Einzigartiges, den herrschenden Kräften der Menschheit bisher nicht Bekanntes?»

Die Antwort lautet immer *Ja*, und auf der gepunkteten Linie unter den Worten «Anderes (bitte angeben)» werden Sie es dem Dokument mit dem wildesten Gekritzel und Gefasel erklären, das Sie zustande bringen. Dies ist die Strafe für das Formular, dass es so neugierig ist.

Ein Beispiel:

Wie ist Ihr Familienstand?

❐ Verheiratet

❐ Geschieden

❐ Ledig

☒ Anderes (bitte angeben):

Ich hab mal im TUNnel ♥ ein Insekt geküsst!!!

Nur zur behördlichen Verwendung

Diesen Abschnitt des Formulars wird jemand anderes für Sie ausfüllen. Es wäre daher sehr unhöflich, ihn ganz leer zu lassen, zumindest sollten Sie als kleines Zeichen der Anerkennung einen Bonbon daraufkleben.

Unterschrift

Um das Verfahren zu einem vernünftigen Abschluss zu bringen, verlangen viele Formulare, dass Sie das Ganze mit einem einzigartigen irren Kringel «unterzeichnen». Damit sollen Sie Ihre Identität nachweisen, wohl in der Annahme, dass Sie der

Einzige unter sieben Milliarden sind, der diesen besonderen Kringel so einzigartig irre reproduzieren kann.

Viele Menschen werden Ihnen bestätigen können: Das Schönste am Entwickeln der eigenen Unterschrift ist die Tatsache, dass sie wirklich «alles Mögliche» sein kann. Das ist echt toll, denn «alles Mögliche» ist die flexibelste Kategorie von «etwas», die es im gesamten Universum gibt. Das bedeutet, niemand darf sich über Ihre Unterschrift beschweren, selbst wenn Sie beschlossen haben, damit die Grenzen künstlerischer Freiheit auszuloten. Spielen Sie verrückt, Sie Nonkonformist.

PROFI-TIPP: WIE MAN SICH BESCHWERT

Sich zu beschweren ist eine Fähigkeit, bei der man echte oder eingebildete Empörung in einen formellen Brief gießt, in der Hoffnung, dass diese echte oder eingebildete Empörung mit Geschenkgutscheinen, Rabattgewährung oder Gratisdessert belohnt wird.

Das Wichtigste am Beschwerdebrief ist der Tonfall. Es geht <u>nicht</u> darum, wie ein normaler Mensch mit einem anderen normalen Menschen zu kommunizieren, sondern darum, wie eine Kombination aus einem geistesgestörten Großvater, einem pedantischen Staatsanwalt und einem Kolonialoffizier, der ein Dienstmädchen zurechtweist, zu wirken.

Hier eine Vorlage mit hilfreichen Kommentaren.

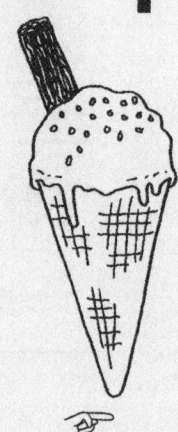

1. Sehr geehrte Damen und Herren,

2. ich schreibe Ihnen, um mich über die _____ im _____
wegen der _____ zu beschweren, und die _____
bei der _____ waren eine verdammte Schande.

Ich bin seit _____ Jahren loyaler Kunde von _____,

3. und ich habe es wahrlich nicht verdient, in Ihrem Haus
ein _____ zu bekommen oder _____ in meine
Richtung zu erleben. Es ist offen gesagt ein empörender
Skandal, dass so etwas in einem "demokratischen"
Staat im Jahr 20 __ möglich ist.

Der völlige Mangel an _____ war entsetzlich. Ich bin
nicht nur entsetzt, sondern auch empört.

4. Der Onkel meiner Mutter ist ebenso sprachlos
angesichts der Vorgänge, und der ist ein weltweit
anerkannter Spezialist auf diesem Gebiet.

5. Wollen Sie sich etwa ein Unternehmen nennen?

6. Was glauben Sie, was das hier ist? Ein Zirkus?
Ein Völkerballspiel für blinde Kinder? Ein
umgedrehter Hut voller fabelhafter Giraffen?

7. Wissen Sie eigentlich, was ein Kunde ist? Wo haben
Sie eigentlich _____ gelernt, in der _____-Schule?

Ich hoffe sehr, dass die Angelegenheit auf schnellstem
Wege erledigt wird, sonst muss ich mich an andere

8. Stellen wenden, vielleicht sogar an die höchsten. Oder
noch höher.

Und wir wissen alle, was das bedeutet.

9. Ihr/e empörte/r
Herr/Frau Wütend